Zufriedensein leicht gemacht

Zufriedensein leicht gemacht

In einer Welt, die immer unübersichtlicher wird, beschäftigen sich immer mehr Menschen mit der Frage: Wer bin ich? Vor allem jungen Erwachsenen werden schier unendlich viele Möglichkeiten geboten, wie sie ihr Leben gestalten können. Die Autorin Theresa Sophia Piendl hat sich mit verschiedenen Menschen über eine ganz entscheidende Frage ausgetauscht: Ja, was macht denn eigentlich zufrieden? Theoretisch und praktisch hat die junge Schriftstellerin sich mit Zufriedenheit auseinandergesetzt und festgestellt, dass es dazu nur ganz wenig braucht. Zufriedenheit beginnt vor der Haustür und kostet fast nichts. Nicht nur wissenschaftliche Erkenntnisse liefert Theresa Sophia Piendl, vielmehr bietet sie ihren Leserinnen und Lesern praktische Übungen, die helfen sollen, sich selbst besser kennenzulernen und zufrieden zu sein.

Theresa Sophia Piendl beschäftigt sich seit dem Schreiben ihrer Bachelorarbeit wissenschaftlich mit den Themen *Glück*, *Wohlbefinden* und *Zufriedenheit*. Sie sieht es als ihre Mission, Menschen bei deren Persönlichkeitsentwicklung zu begleiten.

THERESA SOPHIA PIENDL

Zufriedensein leicht gemacht

Wie du mit wenig Geld zufrieden werden kannst

Bibliografische Information der Deutschen Nationalbibliothek:
Die Deutsche Nationalbibliothek verzeichnet diese Publikation in der
Deutschen Nationalbibliografie; detaillierte bibliografische Daten sind im Internet
über dnb.d-nb.de abrufbar.

Verlag: BoD · Books on Demand GmbH,
Überseering 33, 22297 Hamburg, bod@bod.de
Druck: Libri Plureos GmbH,
Friedensallee 273, 22763 Hamburg

ISBN: 978-3-7562-1203-3

Inhalt

Dieses Buch widme ich dir, liebe Leserin, lieber Leser.

Mögest du ein Leben voller Einklang und innerer Zufriedenheit führen.

Zufriedenheit, Teil 1, Theorie

Zufriedenheit – Vorwort

»Zufriedenheit mit seiner Lage ist der größte und sicherste Reichtum.«

– Marcus Tullius Cicero

2015 schrieb ich meine Bachelorarbeit über Lebenszufriedenheit, Glück und Wohlbefinden, die ich auch mit diesem wundervollen Zitat begann. Die Forschung zu diesen Themen hat mir so viel Freude bereitet, dass ich mich danach privat weiter damit befasst habe. Schon während ich an meiner wissenschaftlichen Abschlussarbeit schrieb, machte ich mich auf den Weg in das Kloster Münsterschwarzach und lernte die Lebensweise von Benediktinermönchen kennen. Das war aber nicht der Grund, weswegen ich im Februar 2015 dorthin fuhr. Der eigentliche Grund war ein Gespräch mit Pater Anselm Grün, auf das ich mich die Tage zuvor vorbereitet hatte. Meine Vorfreude war groß, denn endlich lernte ich den Autor zahlreicher Bücher persönlich kennen und las nicht mehr nur Veröffentlichungen von ihm. Ich machte im wahrsten Sinne des Wortes einen Freudensprung, als ich nach einigen Tagen des Wartens die erfreuliche Nachricht erhielt, dass ich mich mit Pater Anselm Grün unterhalten kann. Ich war regelrecht im Flow, sodass es nicht nur bei dem Gespräch mit Pater Anselm Grün blieb. So unterhielt ich mich mit dem Zeitforscher Dr. rer. pol. Karlheinz A. Geißler. Dem Thema *Zeit* ist ein ganz eigenes Kapitel gewidmet. Ich sprach mit einer Schweizer Bergbäuerin und einem Schweizer Bergbauern, die ich bei ihrer Arbeit einige Tage lang unterstützte. Nachdem ich mich mit einem 105-Jährigen über Glück und Zufriedenheit unterhalten hatte, entstand ein Kapitel über Alter. Durch verschiedene Gespräche mit beeindruckenden Menschen durfte ich viele Erkenntnisse über Zufriedenheit gewinnen, die ich sehr gerne an dich, liebe Leserin, lieber Leser, weitergeben möchte.

Teile meiner unveröffentlichten Bachelorarbeit *Lebenszufriedenheit, Glück und Wohlbefinden als Indikatoren der Lebensqualität – Wege zu einem guten und glücklichen Leben* habe ich in dieses Buch aufgenommen.

An dieser Stelle möchte ich anmerken, dass ich bei manchen Zitaten auf die genaue Seitenangabe aufgrund der besseren Lesbarkeit verzichtet habe. Die Bücher, aus denen ich zitiert habe, habe ich ohnehin im Literaturverzeichnis genannt. Die Links zu Internetquellen habe ich – sofern möglich – direkt im Text angegeben, sie sind im Literaturverzeichnis nicht mehr zu finden. Ich habe mir auch wissenschaftliche Freiheiten genommen, so habe ich beispielsweise nicht jedes längere Zitat eingerückt sowie die Interviews mit minimalen Änderungen wortwörtlich wiedergegeben. Ich habe diese nicht mittels der Grounded Theory ausgewertet. Bei meinem Sachbuch handelt es sich schließlich nicht um eine wissenschaftliche Abschlussarbeit oder dergleichen. Dennoch möchte ich erwähnen, dass ich – mittlerweile mit mehr wissenschaftlicher Expertise – weniger Fragen stellen und meine Interviewpartner*innen viel mehr reden lassen würde. Ich würde auch fast ausschließlich offene Fragen stellen. Ich habe sehr viel Schweiß, Leidenschaft und Herzblut in mein Projekt gesteckt. Ich stehe dazu, dass mir die Muße fehlt, die Dinge nochmal abzuändern.

Die Namen, die ich in meiner fiktiven Geschichte und meinen Beispielgeschichten nenne, sind frei erfunden beziehungsweise abgeändert.

Was den Titel meines Buches betrifft: Ich habe mich selbst auf eine sehr aufregende, interessante und spannende Reise zu mir selbst gemacht. Viele Menschen – vor allem junge Erwachsene – befassen sich mit Fragen wie: Wer bin ich? Wohin soll meine Reise gehen? Wo möchte ich arbeiten? Im ersten Teil meines Buches geht es vor allem um theoretische und wissenschaftliche Erkenntnisse, die ich während der letzten Jahre gewonnen habe. Im zweiten Teil wirst du, liebe Leserin, lieber Leser, herzlich dazu eingeladen, dich selbst anhand verschiedener Fragen und Übungen kennenzulernen. Du darfst dich mit dir auseinandersetzen. Es ist auch genügend Platz für Notizen.

Gleichberechtigung ist mir überaus wichtig. Damit die Lesbarkeit aber nicht leidet, verwende ich fast nur die männliche Form (auch wenn ich durchaus feministisch unterwegs bin). Selbstverständlich sind alle Menschen jeglichen Geschlechts sowie jeglicher Identität und Sexualität angesprochen, denen meine Wertschätzung gilt. #LGBTQ! Mein Buch ist an alle jungen Erwachsenen gerichtet, die vor den gleichen Problemen standen oder stehen wie ich.

Manchmal zitiere ich auch lange und viel, aber das liegt schlicht und einfach daran, dass ich den jeweiligen Inhalt so überaus interessant finde und der mich einfach fesselt.

Und nun wünsche ich dir, liebe Leserin, lieber Leser, eine angenehme Lektüre. Herzlichst, deine Theresa Sophia.

11

P. S.: Mein innigster Wunsch ist es, dich zu ermutigen, zu inspirieren und dich bei deiner Persönlichkeitsentwicklung zu unterstützen. Ich hoffe, das gelingt mir, und ich hoffe, die 12,95 € sind es dir wert. Umsonst geht leider nicht.

Zufriedenheit – Definition

Anhand des oben genannten Zitates von Cicero ist zu erkennen, dass Zufriedenheit im Leben eine erhebliche Rolle spielt. Im Rechtschreibwörterbuch Duden sind mit dem Wort *zufrieden* »Wendungen wie zu Frieden setzen« oder »zur Ruhe bringen« gemeint. Man befindet »sich mit dem Gegebenen, den gegebenen Umständen, Verhältnissen in Einklang«, weswegen man »innerlich ausgeglichen« ist und sich »keine Veränderung der Umstände« wünscht (S. 1988). Zufriedenheit bedeutet, dass man an nichts etwas auszusetzen hat sowie nichts anderes verlangt als das, was man hat. In *zufrieden* steckt das Wort *Frieden*, der ein »Zustand der Eintracht, der Harmonie« ist und »ungestörte Ruhe« bedeutet. Lebenszufriedenheit meint demnach, dass man sich mit seinem Leben im Einklang befindet und sich keine Veränderungen wünscht.

Was macht dich zufrieden? Mich macht es zum Beispiel zufrieden, Zeit mit meinem Liebsten, meiner besten Freundin, meinen Freundinnen und meiner Familie zu verbringen sowie Spaziergänge in der Natur zu machen.

An dieser Stelle möchte ich mich bei allen meinen Gesprächspartner*innen bedanken: Danke, dass Sie sich für mich Zeit genommen und Ihr Wissen mit mir geteilt haben!

Zufriedenheit und Smartphones

»Was wir tun(,) betrifft unmittelbar unsere Nächsten, aber auch Menschen in fernen Ländern und in nachkommenden Generationen werden die Folgen unserer Handlungen spüren. Schon beim Einkaufen zeigt sich, wie komplex scheinbar einfache Zusammenhänge sind. Was also sollen wir tun?«[1]

Das Smartphone ist ein Zerstörer der verbalen Kommunikation; als Beispiel folgende Situation:

Als ich vor Jahren mit meinem damaligen Freund einmal essen war, saß ein Paar um die Mitte fünfzig am Tisch nebenan. Die Frau, die quasi neben mir saß, und der Mann, der neben meinem Begleiter saß, schienen sich nicht großartig etwas zu sagen zu haben, also holte der grauhaarige Brillenträger sein Handy heraus und beschäftigte sich lieber damit als mit seiner Frau. Seine Frau schien das nicht großartig zu stören, denn sie machte ja nichts anderes. Ich hatte den Eindruck, dass Gespräche in dieser bereits seit Jahren andauernden Ehe keine Rolle mehr spielten beziehungsweise eine nur mehr untergeordnete. Es wirkte nahezu so, als würde die Frau ihren Mann ignorieren, da dieser einen schwer verzeihlichen Fehler begangen hatte. Aus Trotz schien sie sich daher mit diesem technischen Gerät zu beschäftigen, um jegliche verbale Kommunikation mit ihrem Mann zu vermeiden. Der Mann hingegen saß ihr mit gerötetem Kopf und leicht beschämt gegenüber, auch er schien schwer beschäftigt zu sein, jedenfalls tat er so, als wäre er es. Ihm schien die Situation sehr unangenehm zu sein. Keiner der beiden machte sich also die Mühe, um mit seinem Gegenüber ein Gespräch zu starten.

Mein Begleiter und ich warfen uns nur Blicke zu und hoben uns das Gespräch über das Paar für später auf. Wir wollten lieber das gute Essen genießen.

Der Kommunikationswissenschaftler Paul Watzlawick sagte: »Man kann nicht nicht kommunizieren.« Auch wenn die Frau und der Mann in oben genanntem Beispiel nicht miteinander redeten, kommunizierten sie dennoch miteinander. Die Frau machte ihrem Mann nonverbal mit ihrem abweisenden Verhalten deutlich, dass ein Gespräch ihrerseits nicht erwünscht ist. Und diese nonverbale Reaktion ist ebenso Kommunikation, denn Kommunikation findet nicht nur verbal, sondern auch nonverbal und unbewusst statt. Kommunikation bedeutet nicht nur Sprache, sondern auch Körpersprache, Mimik und Gestik.

Heutzutage besitzen sehr viele Menschen ein Smartphone, ein modernes tragbares Telefon mit vielen Funktionen. Die Zahl der Smartphone-Nutzer in Deutschland sowie auf der ganzen Welt steigt seit Jahren kontinuierlich an, wie *Statista*, ein deutsches Online-Portal für Statistik (Stand: Oktober 2021) zeigt.[2] Es ist beinahe selbstverständlich, dass man im Besitz eines solchen ist. Viele Menschen können mit so einem modernen Gerät umgehen, doch wie viele Menschen denken eigentlich darüber nach, aus welchen Ländern die Materialien kommen, die für die Herstellung eines solchen Mobiltelefons benötigt werden?

Leider werden diese Materialien auch in Ländern abgebaut, in denen Krieg herrscht. Die Rohstoffe, die Bestandteil von Mobiltelefonen sind, sind »mitverantwortlich« für den Krieg in ihren Herkunftsländern.[3]

»Viele Rohstoffe wie Zinn und Coltan stammen aus Krisengebieten wie der Demokratischen Republik Kongo, wo der Handel mit Edelmetallen einen Bürgerkrieg finanziert. In den meisten Fabriken, in denen Mobiltelefone zusammengebaut werden, werden zudem Arbeiter*innen unter schlechtesten Bedingungen ausgebeutet. (…) Sicher ist: Handys [zum Beispiel Coltan als Bestandteil; Anm. d. Verf.] sind mitverantwortlich für bewaffnete Konflikte und Kriege und treiben Menschen in die Flucht. Ein achtsamer Umgang mit dem Handy ist angebracht: zum Schutz der Brieftasche und des Lebens der anderen.« Beim Kauf eines solchen Gerätes unterstützt man Krieg, was viele Menschen leider nicht wissen oder hinterfragen.

»Bevor ein Handy das erste Mal klingelt, reist es fast vier Mal um die Erde.« Ehe diese Rohstoffe nach Europa gelangen, müssen sie einige tausend Kilometer zurücklegen und durch mehrere Länder reisen. Man unterstützt also beim Kauf eines Handys nicht nur Krieg, sondern fördert auch die Umweltverschmutzung. Man sollte sinnvollerweise den Dingen auf den Grund gehen, diese anzweifeln und nicht für selbstverständlich halten; nur so erfährt man die Wahrheit dahinter, die teilweise sehr schmerzvoll ist.

Solche Mobiltelefone schaden nicht nur der Umwelt, sondern auch unserer Gesundheit: »Die Geräte enthalten (…) gefährliche Stoffe wie Quecksilber, Blei, Arsen und Cadmium. Recyceln ist kostenintensiver als den Müll ins Ausland zu schicken. Die Non-Profit-Organisation Greenpeace schätzt, dass zwei Drittel des in Europa verschickten Elektroschrotts nie in legalen Recyclinganlangen ankommen – trotz internationaler Richtlinien und Verbote. Mit den unsachgemäß entsorgten Handys wird ein gefährlicher Handel betrieben: In Ghana oder Indien werden kaputte Handys vielfach auf Kosten von Gesundheit und Umwelt auseinandergenommen.« Beim Abbau von solchen Rohstoffen werden nicht nur »große Flächen in Anspruch genommen, die daraufhin lange Zeit nicht mehr nutzbar sind«, sondern die Umwelt wird auch anderweitig zerstört:

Durch hohen Wasserverbrauch trocknen ganze Regionen aus, was das Leben der dortigen Bevölkerungen erschwert, Müll wird in den Weltmeeren entsorgt und Gefahrstoffe können ins Grundwasser gelangen. Des Weiteren kommen sehr giftige Rohstoffe wie beispielsweise Blei zum Einsatz, das »die Organe [schädigt], insbesondere das Gehirn und (...) sich in den Knochen ab[lagert].«

Wer denkt beim Kauf eines tragbaren Telefons schon an Dinge wie Gesundheitsgefährdung, Krieg oder Umweltverschmutzung? Hauptsache ist doch, dass das Handy gut handhabbar ist. Ist es wirklich nötig, sich alle zwei Jahre ein neues Smartphone zu kaufen? Ist es denn nicht schade, mit seinem Handy zu spielen, während man sich mit anderen unterhält? Ich weiß, welche Dinge mir persönlich wichtig sind und dazu gehören Treffen mit meinen Freunden, ganz ohne Handy. Ich möchte ethisch korrekt handeln und weder die Gesundheit anderer Menschen noch die Umwelt zu sehr belasten. Die Natur ist so gut zu uns. Wenn wir wollen, dass sie auch weiterhin gut zu uns ist, sollten wir unser Handeln überdenken: Wir könnten alle einen ersten Schritt gehen und unser Handy so lange behalten, bis es nicht mehr funktioniert. Muss es immer das neueste Gerät sein? Ich bin davon überzeugt, dass das ein erster Schritt hin zu einer positiven Veränderung der Welt sein würde. Es empfiehlt sich, daran zu denken, wie viele Kosten man sparen und wie viele Menschenleben man retten könnte. Es ist wichtig, die Dinge zu hinterfragen und moralisch korrekt zu handeln.

Das Smartphone ist durchaus ein Mittel zur Zerstörung der Gesundheit. Es hat schädliche Wirkungen auf Körper und Psyche. In der deutschen Übersetzung der am 22. Juli 1946 in New York unterzeichneten Verfassung der Weltgesundheitsorganisation heißt es: »Die Gesundheit ist ein Zustand des vollständigen körperlichen, geistigen und sozialen Wohlergehens und nicht nur das Fehlen von

Krankheit oder Gebrechen.« Gesundheit meint also unter anderem das Freisein von körperlichen und geistigen Schmerzen.

Wenn jemand jedoch länger mit einem technischen Gerät wie dem Smartphone beschäftigt ist, stellt man nach einiger Zeit eventuell ein Stechen im Nacken fest, die Halswirbelsäule schmerzt. Dr. med. Wolfgang Panter ist Präsident des Verbandes Deutscher Betriebs- und Werksärzte e. V. (Stand: Oktober 2021) und sagt, dass Arbeitnehmende immer häufiger über starke Kopf- und Nackenschmerzen klagen. »In vielen Fällen sind moderne Telefone der Auslöser dafür.« »Durch den deutlich nach unten geneigten Blickwinkel wird die Muskulatur im Nackenbereich verstärkt belastet.« Mehr ist auf der Internetseite des VDBW und vielen anderen Seiten nachzulesen.

Das Benutzen von tragbaren Telefonen zieht also gesundheitliche Schäden nach sich, hier in Form von körperlichen Schmerzen. Und wer ist schon zufrieden, wenn der Körper schmerzt?

Jeder Smartphone-Besitzer kann mit Sicherheit Bücher darüber schreiben, wie ablenkend die Nutzung dessen eigentlich ist. Jede Nachricht, die wir erhalten, löst bei uns Freude aus. Das Glückshormon Dopamin wird ausgeschüttet. Alexander Markowetz schreibt in seinem Buch *Digitaler Burnout. Warum unsere permanente Smartphone-Nutzung gefährlich ist* über das Smartphone und darüber, wie es uns, unseren Mitmenschen und unserer Gesundheit schadet. »Dopamin sorgt für Anreize, es motiviert und lässt uns bei der Stange bleiben.« Wenn man also eine Nachricht von einem Freund erhält, verspüren wir einen Augenblick des Glücks und wir reagieren auf die Nachricht. Sofort, wenn unser kleines technisches Etwas aufblinkt oder vibriert, wissen wir, dass ein anderer Mensch etwas von uns will.

Markowetz vergleicht unser Smartphone-Verhalten mit dem Glücksspiel: Bei beidem wird Dopamin ausgeschüttet, das durch eine Überraschung verursacht wird. Warum also sollte man seine Arbeit weitermachen, wenn einen das Handy so sehr in seinen Bann zieht, dass ein Überraschungseffekt nach dem anderen folgt? Überraschungen sind für viele Menschen doch etwas Schönes. Wer möchte darauf schon verzichten?

Aber zurück zu unserem Smartphone-Verhalten: Wir tippen mehrmals am Tag in unser Gerät, im Durchschnitt aktivieren wir es laut Markowetz alle 18 Minuten. Ist das nicht unglaublich? Laut dem Informationswissenschaftler schalten wir im Durschnitt 88-mal am Tag den Bildschirm unseres Handys ein. 53-mal entsperren wir es. Dieses kleine tragbare Ding hat uns völlig im Griff. Es hat unser Gehirn im Griff, denn es macht etwas damit, mit uns, mit anderen, mit unserer Gesundheit. Wir glauben, dass es uns glücklich macht, aber eigentlich könnten wir auch gut darauf verzichten, sehr oft sogar – mit Sicherheit. Und die Wahrheit ist: Wir vereinsamen dadurch immer mehr.

Aufgrund des Smartphones können folgende Beschwerden entstehen: Nacken- und Rückenschmerzen, schmerzende Augen sowie taube Hände. Vermutlich noch viele mehr.

Irgendwie ist es doch so: Wenn Langeweile aufkommt, beschäftigt man sich häufig mit seinem Handy. Lieber beschäftigt man sich mit sinnlosen Sachen, indem man beispielsweise sämtliche Neuigkeiten von irgendwelchen Prominenten liest, anstatt etwas Sinnvolles zu tun. Man könnte auch einen Spaziergang machen, dem Gezwitscher der Vögel lauschen, den sanften Wind auf seiner Haut spüren oder die Schönheit der Natur und der vielen Blumen bewundern. Aber nein, immer mehr Menschen isolieren sich, ziehen sich mit der von uns Menschen erfundenen technischen Erfindung zurück und sind wieder allein.

Die Problematik betrifft natürlich nicht nur das Smartphone, sondern auch ähnliche Geräte. Manchmal passiert es mir, dass nach längerem Tippen in meinen Laptop meine Hände taub werden. Dann ist es an der Zeit, dass ich diese mal ordentlich durchschüttele.

Viele Menschen greifen der Langeweile wegen zum Handy, das sie mehr im Griff hat, als es ihnen vermutlich bewusst ist. Langeweile scheint tabu zu sein. Langeweile darf wohl nicht sein. Langeweile ist wohl nicht schön. Meinen viele.

Aber eigentlich – tief im Inneren – wollen wir doch an der Natur dran sein. In uns steckt ein kleines Kind, das draußen spielen will. Wir träumen von Ausflügen mit Freunden, romantischen Sonnenuntergängen und unvergesslichen Sommerabenden im Juli. Wir malen uns unser Leben aus und stellen uns vor, wie es in zehn Jahren sein könnte – und viele tun das bestimmt auch, das wage ich nicht zu bezweifeln. Aber da einiges davon ja ziemlich anstrengend ist, schauen sich viele im Internet lieber Fotos von traumhaften Stränden und Sonnenuntergängen, die irgendwelche aufmerksamkeitssuchenden Blogger ins Internet stellen, an. Und viele wären vielleicht auch gerne so durchtrainiert und perfekt und schön und ... – Ach stimmt, diese Blogger brauchen doch nur Bestätigung – sind die *wirklich* so glücklich? Was die alle für ein perfektes Leben zu haben scheinen. Meiner Meinung nach stellen sie ihr Leben nur perfekt dar, damit sie Aufmerksamkeit von anderen bekommen, die sie sonst nicht erhalten würden. Die Aufmerksamkeit brauchen sie vermutlich, um ihren Selbstwert zu stabilisieren.

Zufriedenheit und Medien

Im Februar 2015 unterhielt ich mich mit Pater Anselm Grün, der Autor spiritueller Bücher und weltweit bekannt ist. Der Benediktinermönch sprach folgende sehr interessante Punkte in Bezug auf Lebenszufriedenheit an:

Wenn ich [mit »ich« ist hier das allgemeine »man« gemeint; Anm. d. Verf.] zufrieden bin, bin ich »im Frieden mit mir selber, das heißt (…), dass ich mich selber erstmal annehmen (…) [muss], wie ich bin, und da ist der erste Punkt, dass viele sich damit schwertun, weil die Bilder, die sie von sich haben, nicht übereinstimmen mit der Realität.«[4]

Damit ich mich selbst überhaupt annehmen kann, muss ich »meine eigene Durchschnittlichkeit« betrauern, das heißt, ich muss damit klarkommen, dass »ich so bin, wie ich bin, das heißt erstmal Abschied nehmen.«

Pater Anselm nannte als Beispiel die Medien, die von den Menschen viel erwarten würden: Ständig müsse man sich sowohl körperlich als auch seelisch darstellen und das Positive von sich zeigen, das sei unrealistisch. Und »Depressionen, die heute auch überhandnehmen«, entstünden durch diese falschen Bilder, dass man immer gut drauf sein müsse. Zufriedenheit beziehungsweise Glück heißt »im Einklang sein mit sich selbst.« Auch Dankbarkeit gehöre dazu.

Wir befinden uns im Zeitalter der Digitalisierung. Fangen wir mit etwas ganz Einfachem an und stellen uns folgende Frage: Wie viele Menschen, glaubst du, erstellen heutzutage selbst noch ein Fotoalbum? Die Antwort lautet: Ich weiß es nicht, aber mit Sicherheit die Wenigsten. Wieso sollte ich mir selbst ein Fotoalbum erstellen, wenn ich mir mit nur ein paar Fingerbewegungen im Internet ein digitales Fotobuch zusammenstellen kann? Wozu sollte ich ein Fotoalbum erstellen, wenn ich meine Fotos doch gleich der ganzen Welt zeigen kann? Warum sollte ich mir die Mühe machen und in ein Geschäft gehen, wo ich mir zuerst ein schönes Fotoalbum heraussuchen müsste? Als Nächstes bräuchte ich selbstklebende Fotoecken und dann müsste ich auch noch an diesen Automaten, der meine Fotos entwickelt. Diese Fotos erhält man sogar sofort, wohingegen man bis vor ein paar Jahren noch tagelang auf diese warten musste (oh mein Gott, die Welt geht unter). Und dann sollte ich mich auch noch eine gefühlte Ewigkeit an die Kasse stellen? Mit ein paar Fingerbewegungen geht das doch viel einfacher?!

Um zu meiner Frage zurückzukommen: Wozu sollte ich ein Fotoalbum erstellen? Die Antwort ist ganz einfach: Weil es etwas Besonderes und nicht mehr selbstverständlich ist. Ist es nicht etwas unglaublich Besonderes, von einem Freund ein selbst gestaltetes Fotobuch geschenkt zu bekommen? Es ist nicht *irgendein* Fotobuch – nein, es sind all die Mühen und die Zeit dahinter, die dieser Freund nur damit verbracht hat, dass er sich mit mir und für mich beschäftigt hat. Er hat sich Zeit für mich genommen.

Für Millionen von Menschen sind die sozialen Netzwerke anscheinend sehr interessant. Wir befinden uns in einem Zeitalter der schier unendlich vielen Möglichkeiten. Die Jugend von heute leidet vermehrt an Identitätsstörungen. Es passiert so viel auf der Welt, und all die Dinge, die man vermeintlich getan haben sollte, scheinen uns zu erdrücken.

In der heutigen Zeit spielen Bilder eine immer wichtigere Rolle. Überall registrieren Menschen sich, um Erlebnisse und Fotos mit anderen zu teilen. Es ist toll zu sehen, wo sich andere gerade aufhalten, was sie machen und mit wem sie etwas machen. Man möchte sich anhand von Bildern ausdrücken, etwas oder sich zeigen oder andere zum Nachdenken bringen. Bilder nehmen einen großen

Platz im Internet und in den Medien ein. Meiner Meinung nach überholen sie die Sprache sogar an Wichtigkeit. Ich finde, es sollte zwischen diesen beiden Dingen möglichst ein Gleichgewicht geben.

Dadurch, dass es immer mehr Portale und soziale Netzwerke im Internet gibt, landen auch immer häufiger Fotos im Netz. Man will sich darstellen und das fängt schon bei der Wahl des Profilbildes an. Das Sich-Darstellen kann zu einem großen Drang werden, denn vor allem Heranwachsende beschäftigen sich zunehmend mit der Frage: Wer bin ich? Aufgrund dieser medialen Massenüberflutung ist diese Frage eine entscheidende, da man aufgrund der unzähligen Möglichkeiten schnell den Blick auf sich selbst verliert ... oder zu sehr auf sich selbst fokussiert ist?

Die heutige Gesellschaft ist von der Qual der Wahl geprägt. Es ist schwieriger denn je, in einer Welt der Reizüberflutung und massenhaften Möglichkeiten seine eigentliche Identität zu finden. Wer möchte ich sein? Zu welcher Gruppe möchte ich gehören? Welche Ausbildung möchte ich machen oder was möchte ich studieren? Hier kann einem der Überblick verloren gehen. Die Konkurrenz ist groß. In Facebook und ähnlichen Netzwerken besteht die Möglichkeit, sich auszuprobieren, sein Leben zu entwerfen und in unterschiedliche Rollen zu schlüpfen. Hier darf man sich in Szene setzen.

Ein Nachteil hierbei ist, dass diese virtuelle Welt mit der realen nichts oder nur sehr wenig zu tun hat. Um den Blick auf die Realität nicht zu verlieren, ist es notwendig, das Gleichgewicht zwischen diesen beiden Welten zu halten. Benutzer zeigen anderen Benutzern ihre Fotos, denn diese sind ein Teil von ihnen, und die Kommentare, die daruntergeschrieben werden, können die Persönlichkeit der Mitglieder eines solchen sozialen Netzwerkes bilden, was gut, aber auch schlecht sein kann. Dadurch, dass man sich medial inszeniert, kommt es zu einer zunehmenden Ästhetisierung. Der Mensch identifiziert sich mit den Kommentaren der anderen. Er ist im Bann der Virtualität, eines Lebens fernab der Realität.

Jeder Mensch braucht und will Aufmerksamkeit – manche mehr, manche weniger. Blogger – das sind Menschen, die meiner Meinung nach den Großteil ihrer Wachzeit damit verbringen, sich Gedanken darüber zu machen, wie sie sich oder etwas im Netz am besten darstellen – sollen hier als Beispiel genannt werden. Auch wenn sie möglicherweise weniger Zeit davon direkt im Internet verbringen, so verbringen sie die meiste Zeit meiner Meinung nach doch damit, indem sie sich Gedanken darüber machen, was sie als Nächstes schreiben, welches Foto sie mit anderen teilen und wie sie es bearbeiten.

Immer mehr Menschen brauchen Bestätigung von anderen. Dadurch kann man sich sehr schnell selbst verlieren. Ein Vorteil kann aber auch sein, dass man sich zuerst auf sich selbst fokussiert: Welches Bild von mir möchte ich den anderen zeigen? Man möchte sich bei anderen schließlich einen guten Eindruck verschaffen. Allerdings kann die Hoffnung auf möglichst viele *Gefällt mir*-Angaben zu einer Sucht werden.

In den sozialen Netzwerken sieht man Millionen von verschiedenen Bildern: Da ist das Bild eines bekannten Menschen, der mit strahlendem Lächeln in die Kamera blickt und auch noch gut und schön gekleidet ist. Man sieht also das Bild und denkt sich vielleicht: Hat diese Person ein tolles Leben! Ich wäre auch gerne so berühmt und schön und … Und es gibt hundert ähnliche Bilder derselben Person. Aber dass so eine Aufnahme nicht einmal eine Sekunde dauert und die Person danach wieder mies gelaunt sein könnte, daran denken vermutlich die Wenigsten. An dieser Stelle möchte ich mich bei Dr. Anna-Maria Schirmer bedanken, deren Vorlesung ich 2015 besucht habe und die sich intensiv mit Ästhetik und Kunst beschäftigt. Dank dir, liebe Anna-Maria, konnte ich ein tieferes Verständnis über diese Themen gewinnen.

Man sieht also ein Bild eines weltberühmten Fußballers mit seiner Freundin, die beide Arm in Arm durch eine große Stadt schlendern. – Toll. – Aber sind die wirklich so glücklich und verliebt? Möglicherweise. Möglicherweise haben sie aber eigentlich einen heftigen Streit. In sozialen Netzwerken können Menschen sich darstellen, nur das Beste von sich zeigen. Schön und gut. Da könnte man glatt meinen, wie glücklich und zufrieden die Person ist, die diese Fotos von sich selbst gemacht hat beziehungsweise von sich hat machen lassen und teilweise Millionen von Menschen zeigt. Dass diese Person vielleicht jedoch an Selbstzweifeln leidet, eine vergangene Beziehung überwinden muss und von daher traurig ist oder Streit mit einem guten Bekannten hat, das fällt niemandem auf, das will niemand sehen. In dieser einen Sekunde ist scheinbar alles perfekt. Irgendwie verdrängt man die Realität. Es ist immer und zu jeder Zeit alles gut, so scheint es.

So macht man sich also verrückt. Man möchte mithalten, schließlich will man ja genauso beliebt sein wie sein Vorbild. Dieses ständige Vergleichen, Sich-Verrücktmachen und der Drang, perfekt sein zu wollen, machen einen nur noch unzufriedener und man merkt gar nicht mehr, wie sehr man sich eigentlich von sich selbst abwendet, da man vielmehr auf andere blickt als auf sich selbst. Der Beginn einer Abwärtsspirale.

Wenn man sich einfach mal für ein paar Tage und ohne Medien zurückziehen würde, würde man bald merken, wie man seinem wahren Selbst möglicherweise wieder näherkommen würde. Das wäre dann sicher erschreckend. Könnte ich mit mir selbst überhaupt noch etwas anfangen? Aufmerksamkeit von kaum jemandem bekommen: Geht das überhaupt noch? Viele kommen damit überhaupt nicht mehr zurecht.

Ich möchte nicht auf Bilder und Fotos schimpfen. Ich habe mir eine Zeit lang selbst gerne Fotos auf meinem Laptop angeschaut. Es hat mich einfach glücklich gemacht zu sehen, wo ich schon war, was für einen tollen Sonnenuntergang am See oder Meer ich erlebt habe oder welche Menschen ich kenne. Aber diese Bilder unbekannten Menschen zeigen? Blödsinn, das ist *mein* Leben, das geht jemand anderen nichts an – außer diejenigen, die mir am nächsten stehen (versteht sich).

Es ist auch irgendwie toll zu sehen, dass sich zum Beispiel hunderte Mädchen die Haare rot färben lassen, weil ihre Lieblingssängerin das so vorgemacht hat. Das zeigt ja, dass man jemanden mag, zudem verbindet der Gedanke diese Menschen, denn man ist Mitglied der Gruppe derer, die die Musik dieser Sängerin schön finden. Man gehört zu einer Gruppe. Aber das Wichtigste dabei ist: Mach das, was du für gut empfindest, aber sei dabei du selbst!

Lieber Pater Anselm Grün: Vielen herzlichen Dank, dass ich mich mit Ihnen unterhalten durfte!

Zufriedenheit und Zeit

Im Dezember 2015 unterhielt ich mich mit dem Zeitforscher Dr. rer. pol. Karlheinz A. Geißler. Ich habe mich eingearbeitet, indem ich erste Bücher des Wissenschaftlers las und mir einige Fragen notierte. Es war ein komplexes Gespräch, denn allein das Thema Zeit ist komplex.

Als ich Herrn Geißler nach der Definition von Zeit fragte, antwortete dieser: »Das ist die schwierigste Frage, die Sie mir stellen können natürlich. Zeit ist letztlich Leben, nichts anderes ist Zeit. Zeit und Leben sind eigentlich identisch. Zeit ist nichts anderes als ein Begriff für Veränderung. Also für die Veränderung eine Begrifflichkeit (…) und (…) Systematik zu haben, dazu braucht man eine Formulierung und die ist Zeit, einfach zu sagen, es verändert sich was. Dort, wo sich nichts verändert, gibt es keine Zeit, dort ist Zeitlosigkeit. Das nennt man dann eine Ewigkeit. Und diese Zeitlosigkeit ist sozusagen das Nicht-Verändern. Dafür haben wir den Begriff *Ewigkeit* und für das, was sich verändert, haben wir den Begriff *Zeit*.« Zusammengefasst lässt sich sagen, dass Zeit und Leben Synonyme sind.

Laut Herrn Geißler seien Termine eigentlich etwas Lästiges, weil man sich sozusagen auf zeitliche Formen des Verhaltens festlege. Man lege sich auf Verbindlichkeiten fest. Um die Zeit zu leben und die schönen Zeiten zu leben, brauche man eben die Freiheiten, auf die Gegenwart, auf das Jetzt und auf den momentanen Augenblick zu reagieren. Und den verbaue man sich andernfalls, diesen Zugang zum Jetzt, zum Augenblick.

Es ist nichts Neues, dass im Zeitalter der Globalisierung und der – ich nenne es – *Smartphonisierung* viele Termine und auch Termine zu beinahe inhumanen Zeiten anstehen. Wenn ein Manager nach Amerika telefonieren will, kann er das nicht tun, wenn er Zeit hat, sondern wenn die Amerikaner arbeiten – Zeit haben – und aufgrund der Zeitverschiebung kann das zu einer Last werden. Digitalisierung und Internationalisierung schreiten voran und das in einem derart hohen Tempo, dass man kaum mehr hinterherkommt.

Nachdem ich bereits das Beispiel mit dem Fotoalbum genannt habe, nenne ich jetzt als Beispiel den handschriftlichen Brief. Leider ist es nur noch eine äußerste Seltenheit, dass man einen Brief mit der Hand schreibt. Zu der Zeit, als Brieffreundschaften häufiger als heute gepflegt wurden, waren es immerhin einige Tage, die man mit Warten verbringen musste oder wollte, ja sogar durfte. So stieg die Vorfreude, und Vorfreude ist ja etwas sehr Schönes. Heutzutage muss alles schnell gehen. So verwundert es nicht, dass immer mehr Menschen physisch und psychisch beziehungsweise seelisch aufgrund des enormen Drucks zusammenbrechen und erstmal krank sind. Briefe schreiben braucht Zeit, eine Nachricht schicken kann man innerhalb weniger Sekunden. Millionen von Menschen schicken eher eine digitale Nachricht als sich die Mühe zu machen, einen Brief zu schreiben. Ich bin mir sicher, dass die Zeit da ist, aber viele nehmen sie sich nicht mehr, leider. Die wirklich wichtigen Dinge im Leben sind scheinbar nur mehr Zeitverschwendung.

Während Grundschüler bis vor einigen Jahren noch damit beschäftigt waren, die deutsche Rechtschreibung zu lernen und sich dadurch kognitive Fertigkeiten aneigneten, um in einem Deutschaufsatz zu brillieren, beschäftigen sie sich heutzutage zunehmend mit Themen rund um Computerspiele, Smartphones und Technik. So soll es auch schon Schulen geben, die den Kleinen den Umgang mit iPads im Unterricht beibringen. Ich habe mit Grundschülern gearbeitet, deren Rechtschreibung heutzutage immer miserabler wird.

Die Kinder müssen nur noch *schnell schnell* machen und verlernen die wirklich wichtigen Fähig- und Fertigkeiten. Stattdessen ist der technische Wandel auf dem Vormarsch und viele Kinder sind nur noch daumen- oder zeigefingerfixiert. Meine jüngere Schwester, die nach ihrem Schulabschluss Au-pair in einer irischen Familie war, berichtete von einem Verwandtschaftstreffen, bei dem ein Cousin der Kinder über ein Bild, das an der Wand hing, mit seinem Finger wischte. Leider bewegte es sich nicht.

Während man heutzutage mit dem Daumen und dem Zeigefinger wischt und sehr auf diese beiden Finger fixiert ist, fällt es den Kindern (und nicht nur den Kindern) heutzutage schwer, Aktivitäten mit der ganzen Hand zu machen, nämlich zu schreiben. Dadurch, dass man im Hinblick auf das Lernen mehr auf Technik fixiert ist, die ja teilweise automatisch abläuft, fällt es den Kindern immer schwerer, aus eigener Kraft und mit ihrem wunderbaren Gehirn Dinge zu erledigen. Und wenn das der Fall ist, ist die Qualität nicht mehr so gut. Auch Rechenaufgaben sind leichter in den Taschenrechner eingetippt. Kopfrechnen braucht Zeit und die ist scheinbar nicht mehr da. Viele Kinder haben auch Probleme mit dem Kopfrechnen. Selbst wenn darauf noch Wert gelegt wird, so wird den Kindern keine Zeit mehr gegeben und sie können nicht mehr produktiv sein, es entstehen Fehler. Meiner Ansicht nach ist Schule nicht mehr zeitgemäß. Aufgrund der zunehmenden gesellschaftlichen Flexibilisierung passt das Konzept Schule, in dem auf Pünktlichkeit Wert gelegt wird, nicht mehr hinein. Außerdem finde ich, dass Themen wie *Glück, Gesundheit, Zufriedenheit, Wohlbefinden, Ethik, Philosophie, Sport, Musik, Psychologie, Kunst und Hauswirtschaftslehre* intensiver beziehungsweise überhaupt angeboten werden sollten. Auch wenn wir in einer Wissensgesellschaft leben, so haben wir Menschen ja auch Gefühle, denen viel mehr Bedeutung zugeschrieben werden sollte.

Für Herrn Geißler sind Uhr und Telefon Diktatoren. Hört sich so an, als würden Uhr und Telefon den Menschen langsam, aber sicher zugrunde richten. Meiner Meinung nach ist das auch so. Ich meine, der Mensch lebt nicht mehr nach dem Rhythmus, den er braucht, um ein gutes Leben zu führen. Der Mensch lebt nach der Uhr, die ihm den Takt vorgibt. Das Telefon beispielsweise stellt das persönliche Gespräch, bei dem man sich in die Augen sieht, in den Hintergrund. Ist das nicht total irre? Mein Gesprächspartner meinte, dass Zeitdruck auch selbstgemacht sei, aber nicht nur: »Wir leben ja in einer Gesellschaft, wo ich nicht alleine über Zeit entscheide, sondern andere entscheiden ja auch über meine Zeit«, sagte er.

Während der Zeitforscher nach den Jahreszeiten lebe und seine Tage danach ausrichte, leben andere Menschen nach der Uhr. Nicht nach der Uhr zu leben, lasse seiner Meinung nach den Zeitdruck schwinden. Zwar komme auch Zeitdruck dazu, aber das sei ein Zeitdruck der Natur, und dieser sei viel elastischer und langfristiger als dieser kurzfristige, zerhackte Zeitdruck, den uns die Uhrzeit aufzwinge.

Der Mensch sei eigentlich danach ausgerichtet, nach dem Rhythmus zu leben. Er sollte sich fragen stellen wie: Was tut mir gut und was tut mir nicht gut?

Der Wissenschaftler sagte zu mir: »Das ist das Hauptproblem heutzutage bei den Leuten, die ich berate oder die beraten werden wollen, die anrufen oder so. Das Hauptproblem ist, dass sie keinen Rhythmus gefunden haben. Das liegt an unseren Geräten, die wir haben. Diese Geräte geben keine Zeitordnung mehr vor. Ich bin ja der Meinung: Das Wichtigste ist nicht die Zeit, sondern das Zeitmuster ist das Wichtigste im Leben. Nach welchem Muster orientiere ich mich? Nach welchem Muster lebe ich? Und da gibt es zwei Muster: Das eine ist der Rhythmus, den gibt die Natur vor, und das andere ist der Takt, den gibt die Uhr vor. Und der Takt hat keine Elastizität.

Es ist eben vier Uhr oder nicht vier Uhr. Und da [heißt es] (...) nicht (...): Es ist ungefähr vier Uhr, das gibt es nicht. Es ist vier Uhr oder nicht vier Uhr. Und das ist bei der Natur anders: Es ist Frühling und ein bisschen Frühling und ein bisschen nicht Frühling. Und jetzt haben wir zum Beispiel nicht richtig Winter. Es ist Winter, aber trotzdem nicht Winter. Und das ist Rhythmus, das lässt der Rhythmus zu, der lässt Abweichungen zu, der lässt Elastizität zu. Und wenn Sie das als Muster nehmen, leben Sie völlig anders, als wie wenn jemand nach der Uhr lebt oder nach einem Fahrplan von der Bahn oder so. Oder nach dem Fernsehprogramm, das ist alles Takt. Alle Programme sind Takt.«

Leider ist es so: Der Takt bestimmt vielmehr unser Leben als der Rhythmus, die Natur, unsere Natur. In gewisser Weise sind wir fremdbestimmt. Es ist so, als würde der Takt – die Uhr – uns zu perfekten Menschen machen wollen – Erfindungen, die von uns Menschen selbst stammen. Aber ich bin überzeugt davon, dass das nach hinten losgeht. Der Mensch wird immer mehr von außen gezwungen, das macht Stress, der sich negativ auf unsere Psyche auswirkt. Im Grunde genommen muss der Mensch lernen, sich mehr abzugrenzen: Stopp! Das ist jetzt meine Zeit. Ich lege mein Handy bewusst auf die Seite.

Der Sinn eines Wellnessurlaubes ist zum Beispiel, dass man mal ein paar Tage abschaltet. Aber wie soll das möglich sein, wenn ich eine entspannende Massage buchen möchte, andererseits aber wieder zu einer bestimmten Uhrzeit an einem bestimmten Ort sein muss? Das heißt, ich mache einerseits Wellnessurlaub und möchte, dass sich mein Rhythmus wieder etwas einpendelt, andererseits gehört für mich zu einem Wellnessurlaub aber eine Massage dazu. So hat mein Urlaub nichts mehr mit Rhythmus und Natur, sondern vielmehr wieder mit Takt zu tun, und der macht Stress. Meiner

Meinung nach sollten Uhren, Mobiltelefone und sämtliche Medien ohnehin in Wellnesshotels verboten werden (und zwar in allen), sonst macht das ganze Programm ja keinen Sinn! Und dann gibt es Bereiche, in denen Entspannungsmusik läuft, aber gibt es eigentlich auch Bereiche, in denen absolute Stille herrscht? Wohl in den wenigsten.

Man selbst sei rhythmisch. Der eigene Körper sei rhythmisch, sagte Herr Geißler. Der eigene Körper sei ja auch Natur und diese Natur: Herzschlag, Atmung – alles sei rhythmisch. Und diesen Rhythmus, den finde man in der Natur draußen und deshalb gehe es einem besser mit Rhythmus, weil das eher etwas sei, was man selbst im Körper habe.

Herr Geißler erzählte von der Agrargesellschaft und der Abhängigkeit der Bauern von der Natur, und dass es ja auch schlecht war, wenn es Hungersnöte oder Kälteeinbrüche gab. Die Natur sei nicht nur eine angenehme Natur, von daher sei die Unabhängigkeit von der Natur durchaus etwas Angenehmes, also dass man die Zeit anders planen könne als nach der Natur. Das habe viele Vorteile. »Aber nur nach der Uhr zu planen ist völliger Schwachsinn. Das ist natürlich problematisch. Das ist sozusagen die Entfernung von dem, was mich eigentlich lebendig hält.«

Der Zeitforscher und ich unterhielten uns über beispielsweise Betriebswirtschaftsstudenten, die viele Dinge auf einmal machen würden. »Also ich glaube, die werden ja nicht glücklich damit. Wenn sie glücklich sind, dann habe ich nichts dagegen«, so Herr Geißler.

»Zumindest nicht dauerhaft?«, hatte ich gefragt. »Nicht dauerhaft und nicht zufrieden. Sie fühlen sich gejagt und gehetzt. Und sagen immer wieder: Ja, ich würde gerne noch das machen und und und. Solche Studenten haben ja sozusagen pflichtmäßig die Vorstellung, dass Zeit mit Geld verrechenbar ist. In einer Gesellschaft, in der

Geld Wohlstand bedeutet, heißt das konkret, dass sie in dem Moment, wo sie mehr machen und mehr Zeit in Geld verrechnen – und in Geld verrechnete Zeit geht nur über Takt und nicht über Rhythmus; das heißt also, ich bürde mir ein Leben nach der Uhr auf. Das macht auf Dauer nicht glücklich. Deswegen steigen die Manager mit fünfzig aus und kaufen sich einen Weinberg, um wieder an der Natur dran zu sein. Oder machen eine Auszeit, fahren nach Indien oder so, um näher an der Natur zu sein. Und genau das ist dieses Bedürfnis.«

»Verstehe ich das richtig: Ich mache was und will an der Natur dran sein. Warum mache ich es dann nicht gleich so?«, fragte ich. Der Professor antwortete daraufhin: »Weil unsere Gesellschaft so organisiert ist.« Wohlstand wolle man nicht mit fünfzig, sechzig, sondern mit dreißig haben, das sei die sogenannte *Rush Hour* des Lebens. »Und das macht dieses Leben mit dreißig, vierzig so stressig und eng.« Um die dreißig komme viel zusammen: Arbeit, Familie, Kinder, Haus und so weiter. »Und dann, mit sechzig plötzlich, ist nichts mehr mit Wohlstand anhäufen oder so, weil man sagt: Ja danke, es kommen Jüngere nach.«

Zwischen dreißig und vierzig lebe man sehr stark vertaktet, also von Termin zu Termin. Nach fünfundsechzig lebe man mit recht wenig Terminen, wenn man so wolle. Dann müsse man halt wieder lernen, rhythmisch zu leben. Das müsse man nicht machen, wenn man es vorher schon gemacht habe. Von daher sei es sinnvoll, das vorher auch zu erhalten.

Selbstverständlich hänge die Lebensausrichtung auch davon ab, wie viel Geld man verdienen möchte. »Wie viel Geld muss ich verdienen? Also ich muss auch elastisch sein hinsichtlich dessen, was ich sozusagen an Ansprüchen habe. Sonst geht es nicht. Also wenn ich zum Beispiel immer sage: Je mehr Geld ich verdiene, umso besser bin ich, dann wird es schwierig. Aber die Folgen sind klar: Du wirst nie zufrieden sein oder das an Sozialem, an Emotionalem bekommen, was du eigentlich willst, sondern du wirst halt viel Geld kriegen und reich werden. Aber auf was musst du verzichten? Das ist das Wichtige, das deutlich zu machen, auf was man verzichtet, wenn man das macht.« Herr Geißler hat Recht.

»Wenn man Zeit in Geld verrechnet, heißt das ja immer, ich verzichte auf Emotionalität und auf Spontanität und auf Flexibilität gegenüber Menschen, also sozialem Kontakt. Ich werde relativ sozial veröden, wenn ich die Zeit immer in Geld verrechne. Weil das Geld sozial eine Nullnummer ist sozusagen, da ist nichts mit Geld. Ich finde nur wichtig, dass die Leute immer wissen, was sie tun und was das für Folgen hat. Und das muss ich manchen Leuten einfach erklären, dass man Zeit nicht sparen kann. Oder dass, wenn man Zeit spart, man ein ganz hohes Risiko eingeht, wenn man auf ganz viele wichtige Dinge, Erlebnisse und Erfahrungen verzichtet und nicht weiß, was man hinterher, wenn man dann Zeit hat, noch erleben kann. Und das Risiko ist immens hoch und dann kann ich nur sagen: Lebt lieber jetzt als später.«

Klingt nicht sonderlich gut, aber warum sollte ich mir das Gute für später aufheben?

Herr Geißler hat manchmal den Eindruck, dass zum Beispiel Manager nur schnell sein könnten und gar nicht wüssten, was Langsamkeit ist. »Und wenn Langsamkeit da ist, ist das ein Defekt, eine Katastrophe.«

Ein Manager würde möglicherweise nicht einfach so am Bahngleis stehen und sich mit anderen Wartenden unterhalten. Vermutlich ist eher das technische Gerät griffbereit, weil ein wichtiges Telefonat ansteht. Sozial gesehen verblöden wir Menschen doch immer mehr, oder nicht? Meiner Meinung nach ist das so.

»Was raten Sie denn einem Manager im Rentenalter, der ja so gehetzt ist – von einem Termin zum nächsten – und dann plötzlich in Rente?«

»Rhythmus. Den muss man richtig an die Hand nehmen. Das ist wie ein Kind in der Schule. Ein Kind in der Schule muss Takt lernen, muss genau lernen, sich morgens hinzusetzen, pünktlich zu kommen und so weiter. Genau das muss der andere umgekehrt wieder lernen. Der muss das wieder verlernen und muss Rhythmus lernen. Da muss ich sagen: Setzen Sie sich nachmittags mal immer eine Stunde lang in den Sessel und schauen Sie einfach raus. Machen Sie nichts. Schauen Sie raus. Schauen Sie, was Sie sehen. Schreiben Sie einfach auf, was Sie sehen, welcher Vogel vorbeifliegt, was sich tut und so weiter.«

Ich interessierte mich auch für den Weltrekordlauf von Usain Bolt. Ich habe diesen Lauf 2009 im Berliner Olympiastation bei der Leichtathletik-Weltmeisterschaft gesehen. Es war gigantisch. »Usain Bolt –«, begann Herr Geißler, »es war nicht zu lesen, wen er besiegt hat, sondern wie schnell er gelaufen ist, das ist Uhrzeit. Das ist was ganz anderes als das, was die Griechen als Olympische Spiele bezeichnet haben.« Ich versuchte zu folgen. »Heutzutage kann Herr Bolt den Weltrekord laufen, ohne jemals den Zweiten, der die zweitbeste Zeit gelaufen ist, besiegt zu haben. Der Zweitbeste musste nie vom Besten besiegt werden, weil der immer auf einem anderen Rennen gelaufen ist [so könnte es sein; Anm. d. Verf.], weil die Uhr entscheidet, wer der Zweitbeste ist, und nicht der Wettkampf. Herr Bolt hat (...) denjenigen, der der Zweitbeste auf der Welt ist, vielleicht nie gesehen, muss ihn nie gesehen haben. Die müssen nie gegeneinander gelaufen sein, weil die Uhr entscheidet.«

Einleuchtend, aber ich bin mir sicher, dass die drei Schnellsten mit Sicherheit irgendwann einmal in einem Rennen gegeneinander gelaufen sind und sich gesehen haben.

»Deshalb schauen diese Schnellläufer beim Zieleinlauf direkt auf die Uhr.« Wir kamen zu dem Entschluss, dass es um Rekorde geht und diese Rekorde Geld einbringen. »Zeit ist Geld. Uhrzeit ist Geld.« Weiter sagte Herr Geißler: »Die Zeiten werden nicht besser und nicht schlechter, aber immer anders. Alles, was wir mit Zeit machen, ist ein Realexperiment, und wir schauen, was rauskommt. Und wenn es Vorteile bringt, bleiben wir dabei. Wenn es Nachteile bringt, hören wir damit auf.«

Ich wollte auch wissen, was passieren würde, wenn es von heute auf morgen keinen Zeitdruck mehr gäbe, und Herr Geißler meinte, dass unsere Gesellschaft dann viel, viel ärmer wäre. Der Zeitdruck habe uns reicher gemacht und es wäre ungesund, den ganzen Zeitdruck aus der Gesellschaft herauszunehmen, das würde eine Katastrophe werden. »Dann fallen wir sozusagen wieder auf den Status eines Amazonas-Indianers zurück.«

»Aber was spricht dagegen, wenn man einfach mal zufrieden ist; kein Fortschritt?«

»Ja, individuell können Sie das sein, aber kollektiv nicht, weil der Kapitalismus lebt von der Unzufriedenheit, nicht von der Zufriedenheit. Unser Wirtschaftswachstum braucht Unzufriedenheit, damit die Leute was kaufen. Wenn sie zufrieden sind, kaufen sie nichts. Wenn sie kaufen, wollen sie ja was, was sie noch nicht haben, um zufriedener zu sein, sozusagen. Sie müssen nicht unzufrieden sein, aber wenn sie merken: Ach, wenn ich das hätte, wäre es noch schöner. Davon lebt unser System. Die Werbung, die [uns] das einredet, dass man mehr Freiheit kriegt, mehr Flexibilität hat, glücklicher sein kann.«

»Wellnesscenter sind natürlich nur da, um ein bisschen in die Zufriedenheit hinein zu schmecken, aber nicht, um zufrieden zu machen. Die leben ja von der Unzufriedenheit der Leute. Also sie geben den Leuten die Illusion, dass sie zufrieden sein könnten. Und die Leute leben von der Illusion und die macht ja auch glücklich.«

»Vorübergehend«, stellte ich fest.

»Ja, vorübergehend, genau. Das ist wichtig.«

Auf meine Frage, wie man denn individuell zufrieden werden könne, erklärte der Wissenschaftler: »Ein Kriterium aus meiner Sicht ist natürlich, im Einklang mit der Körpernatur und mit der Natur draußen zu leben. Das macht zufrieden. Das ist eindeutig. Der Mensch ist ein Naturwesen und ein Teil der Natur und die Natur macht zufrieden, dass mir nichts fehlt. Wenn ich von der Natur entfernt bin, fehlt mir was.« Laut dem Professor gebe es eine totale, absolute Zufriedenheit sowieso nicht, sondern sie sei relativ und man müsse das so sehen: »Was fehlt mir und unter was leide ich? Eigentlich geht es nicht darum, totale Zufriedenheit herzustellen, sondern Leidensdruck zu reduzieren.«

Die Woche sei eine Zeiteinteilung, die der Mensch entschieden habe. Der Rest sei kosmisch: Tag, Monat. Den Sonntag hätten die Menschen entschieden als einen freien Tag für Soziales. »Seit 5.000 Jahren. Und jetzt wird gerade versucht, den Sonntag über den Kommerz abzuschaffen. Und das ist ein großes Problem, denn der Sonntag rhythmisiert den Kalender. Und so wird der Rhythmus aus dem Leben genommen und das wäre eine Katastrophe.« Fehlender, mangelnder Rhythmus mache krank, das wisse man von Schichtarbeitern. »Schichtarbeiter sterben früher, haben erheblich größere Scheidungsraten und erheblich höhere Gesundheitskosten, weil sie außerhalb des Rhythmus leben. Es ist sehr deutlich nachgewiesen, dass die Schichtarbeiter und der Wegfall von Tagesrhythmen große Probleme hervorrufen.« Die Aggression in der Gesellschaft würde durch die Entrhythmisierung steigen. Dazu bräuchte es mehr Sicherheitspersonal, was enorme Kosten mit sich bringen würde.

»Das heißt, um es jetzt mal ganz krass zu sagen, die Gesellschaft macht sich selbst krank«, stellte ich fest.

»So ist es. Die Gesellschaft macht sich krank oder bekommt einen immer geringeren Zusammenhalt, sie zerfällt allmählich als Gesellschaft, als Gemeinschaft.«

Auf die Frage, ob es irgendwann zu dem Punkt kommen könnte, an dem sich die Gesellschaft verschlechtert, antwortete der Wissenschaftler, dass wir zurzeit auf dem Trip seien, dass wir immer mehr individualisieren und weniger Gemeinschaftsleistungen prämieren beziehungsweise belohnen, das heißt, die gemeinschaftlichen Zeiten würden immer weniger werden, die vom Staat vorgegebenen, wie der Sonntag.

Die sogenannten *Simultanten*, wie Herr Geißler sie nennt, seien auch immer verfügbar. Ich berichtete ihm von meinem ehemaligen Chef, der seine private Nummer sogar auf sein Profil der Unternehmenshomepage stellte. Diese immerwährende Erreichbarkeit: Schrecklich. »Andere haben die Tür auf in ihrem Büro. Nicht permanent. Aber diese ständige Erreichbarkeit …«

Leider ist es so, dass es in Unternehmen heutzutage viele Großraumbüros gibt. Man wird überwacht und ständig von anderen gestört und unterbrochen, das macht unproduktiv. Ich möchte ein Beispiel nennen: In einer meiner vergangenen Stellen hatte ich ein paar Termine in einem Jugendamt. Hier haben sich in manchen Fällen zwei oder sogar drei Mitarbeiter ein Büro geteilt. Am Büro vorbei führte ein langer Gang, man hörte also immer, wenn jemand den Gang entlangging. Vom Gang aus erreichte man die Zimmer, doch das war nicht die einzige Tür, die die Zimmer mit dem Gang verband. Darüber hinaus befanden sich noch zwei weitere Türen im Büro, sodass die Kollegen der Nachbarbüros auch direkt in den Raum kommen konnten. Ungestört arbeiten konnte man praktisch selten. Viele kleine Büros mit jeweils drei Türen, zwei oder drei Telefonen und einem Drucker beziehungsweise Kopierer. Möchte man etwa einen Bericht schreiben, der Kollege aber telefoniert, ist man abgelenkt. Wenn man selbst ein Telefonat führen möchte, der Kollege im Raum aber Klienten vor sich sitzen hat, versteht man kaum etwas am Telefon. Und dann klopft auch noch der Chef. Das alles sind Reize, die auf uns einwirken und uns unproduktiv machen. Es geht keine Zeit verloren (so etwas ist ohnehin Unsinn: Zeit kann nicht verloren gehen, Zeit ist ja da; vielmehr geht unser Tun *verloren*), die Produktivität aber – leider – die geht verloren. Das kann uns ganz schön ungeduldig machen.

Geduld könne man lernen, »indem man Ungeduld abschafft«, so sagte es Herr Geißler. »Also kann man richtig üben. Sich auf so kleine Dinge zu konzentrieren. In Konzentrationsübungen, in Besinnungsübungen und so weiter. Geduld kann man ja nur üben, wenn der Mensch sozusagen zur Ruhe kommt. Wenn diese ganze Aufgeregtheit und diese ganze Hysterie weggehen. Und das kann ich nur durch Konzentration auf kleine Dinge. Nur so lernt man Geduld.« Wichtig sei es, sich den Dingen zu widmen, die man so übersehe. Wie wäre es, zwischendurch immer wieder eine kleine Meditation zu machen, um sich wieder mehr auf sich selbst zu fokussieren?

Ein unglaublich spannendes Thema. Lieber Herr Geißler, vielen herzlichen Dank, dass ich Sie besuchen und Ihnen Fragen stellen durfte. Ich habe unser Gespräch in sehr guter Erinnerung.

Zufriedenheit und Gesundheit

Ich möchte mit einem fiktiven Beispiel beginnen: Cristina und Sandra sind ein Paar. Während Cristina beruflich sehr gefordert ist, ist Sandra ein Mensch, der seine Arbeit liebt und bei dem das Privatleben mindestens eine genauso entscheidende Rolle spielt wie der Beruf. Sandra rechnet mit Cristina zum Abendessen, also kocht sie etwas Leckeres und schenkt sich ein Glas Rotwein ein. Sie freut sich auf ihre Freundin, doch dann kommt Cristinas Anruf aus dem Unternehmen. Mit einem Lächeln im Gesicht nimmt Sandra den Hörer ab: »Ja?«, sagt sie. »Ich bin es. Es wird heute später.« »Ich –« »Es tut mir leid.« – »Schon gut.« Traurig legt Sandra den Telefonhörer auf und beschließt, alleine zu essen, ehe das Gemüse kalt wird. [Eingerückter Text: Fiktive Geschichte von Cristina und Sandra.]

Ich bin mir sicher, dass viele Menschen die gleiche oder so eine ähnliche Situation bereits erlebt haben. Es gibt keine geregelten Arbeitszeiten mehr beziehungsweise Angestellte wie Cristina arbeiten über die vertraglich geregelte Arbeitszeit hinaus und machen wöchentlich oder sogar täglich Überstunden. Heutzutage gibt es diverse Arbeitszeitmodelle, die es uns ermöglichen, flexibel zu sein.

So gibt es beispielsweise die Vertrauensarbeitszeit, bei der die abzuleistenden Stunden vertraglich zwar geregelt sind, jedoch wird die Zeit vonseiten des Arbeitgebers nicht erfasst und man ist flexibler hinsichtlich der Einteilung der Arbeitszeit. So kann man beispielsweise um neun Uhr morgens beginnen und spätnachmittags wieder gehen. Oder man fängt bereits in der Früh an, da man am Nachmittag einen anderweitigen Termin hat, und geht danach wieder ins Büro, um bis spätabends zu arbeiten. So kann sich die Zeitspanne, innerhalb derer man arbeitet, ausweiten. Vordergründig geht es um die Erfüllung der Aufgaben; aber was, wenn man dann ständig

Überstunden machen muss? Ein Vorteil mag zwar die Flexibilität sein, ein Nachteil ist jedoch, dass die Stunden nicht nachweisbar sind, da nicht gestempelt wird. Es besteht die Gefahr, dass man viel mehr arbeitet, als einem letztlich bezahlt wird. Selbstverständlich kann es sein, dass man dennoch zu festgesetzten Zeiten wie beispielsweise Teambesprechungen anwesend sein muss, insofern ist man zeitlich dann doch eingeschränkt. Tiefer möchte ich darauf aber jetzt nicht eingehen.

Ein weiteres geläufiges Modell ist das der Gleitzeitarbeit. Es ist der Vertrauensarbeitszeit nicht unähnlich, jedoch gibt es im Vergleich zu dieser eine Kernzeit und es wird durchaus gestempelt, was ein klarer Vorteil sein kann.

In Bezug auf das oben genannte Beispiel liegt bei Cristina als Arbeitszeitmodell die Vertrauensarbeitszeit vor. Sie arbeitet viel, der Arbeitgeber kann ihr ihre Stunden nicht nachweisen, und da ihre Kollegen im Gegensatz zu ihr bereits Kinder haben, muss sie ab und zu für diese einspringen, da diese nach Hause und sich um ihre Kinder kümmern müssen.

Die heutige Gesellschaft ist eine Leistungsgesellschaft. Der Duden definiert Leistungsgesellschaft als eine »Gesellschaft, in der vor allem die persönlichen Leistungen des Einzelnen für seine soziale Stellung, sein Ansehen, seinen Erfolg und so weiter ausschlaggebend sind«.

Cristina arbeitet in einer Unternehmensberatung: McKinsey.

Da Leistung heutzutage eine entscheidende Rolle spielt, vor allem, wenn es darum geht, einen guten Arbeitsplatz zu finden, muss der Mensch viele Anstrengungen auf sich nehmen. Und die Konkurrenz ist enorm groß.

Da Cristina Betriebswirtschaftslehre studiert hat, war für sie klar, eines Tages in einem großen Konzern zu arbeiten.

Ich möchte an dieser Stelle auf mein Gespräch mit Herrn Geißler verweisen, das belegt, dass viele ihre Arbeit mit Geld verrechnen, insbesondere Personen, die in der Wirtschaft tätig sind. Eine große Rolle hierbei spielen Kapital und Umsatz, und hier gilt: Von nichts kommt nichts.

Cristina ließ schon während ihres Betriebswirtschaftsstudiums sämtliche Konkurrenten hinter sich: Sie hatte Auslandserfahrung gesammelt, einen guten Notendurchschnitt, ein Praktikum in einem Großkonzern gemacht und konnte verschiedene Kompetenzen vorweisen. Doch da das nicht genug war, leistete sie darüber hinaus Freiwilligenarbeit, engagierte sich für Flüchtlinge und machte in London und Barcelona einen Englisch- und Spanischsprachkurs. Zusätzlich dazu machte sie neben ihrem berufsbegleitenden Studium eine Weiterbildung zur Beraterin.

Nun denken wir doch mal an all die Analphabeten, die physisch und psychisch beziehungsweise seelisch beeinträchtigten und armen Menschen. Für die muss es doch schrecklich sein zu sehen, dass sie als Arme immer ärmer und die Reichen immer reicher werden. Die Reichen haben ja das Geld, um sich zu bilden. Beobachten wir die Situation in Los Angeles: Es ist nicht zu übersehen, dass die Schere zwischen den Armen und den Reichen immer größer wird. Wer schon einmal dort war, erkennt sofort, dass das schicke Villenviertel von Beverly Hills der totale Gegensatz zum tristen Zentrum von Los Angeles ist, in dem verschmutzte Obdachlose und psychisch Kranke durch die Straßen laufen. Während die Reichen im japanischen Restaurant Nobu Sushi essen, kramen in Downtown LA die Obdachlosen Essensreste aus den Mülleimern und suchen sich eine Nische für die Nacht.

Trotz Cristinas Bemühungen erhielt sie anfangs nur Stellenabsagen, was sehr deprimierend war. Aber mit viel Durchhaltevermögen hatte sie es dann doch geschafft und konnte in einer Unternehmensberatung zu arbeiten anfangen. Cristina war eine Perfektionistin, ihr Verhalten nahezu fehlerfrei und ihre Arbeit von guter, ja sogar exzellenter Qualität.

Meine ehemalige Mitbewohnerin machte während ihres Studiums ein Auslandssemester in England, sammelte Praxiserfahrung in einem internationalen Unternehmen, hat einen guten Abschluss in der Tasche und dennoch hatte sie *nur* eine Stelle im Arbeitsamt, die anfangs befristet war. Ob sie jetzt noch dort arbeitet, weiß ich nicht. Heutzutage kann man sich glücklich schätzen, wenn man noch eine von Anfang an unbefristete Stelle findet. Doch der Wandel in sämtlichen Organisationen und Unternehmen ist deutlich erkennbar: Es müssen stets die besten Menschen her. Und selbst der anscheinend Beste ist wohl nicht gut genug. Warum sollte man jemanden unbefristet einstellen, wenn sich ein Jahr später ein noch besserer Kandidat bewerben könnte? Möglicherweise versucht man auch die Menschen an der Stange zu halten. Die Unsicherheit wächst.

Eine ehemalige Mitschülerin meiner älteren Schwester von mir bedauerte, dass sie ihr Auslandssemester *nur* in Spanien gemacht hatte – es ist ja nicht Amerika oder Asien oder so –; zudem war sie ein Jahr nach ihrem Schulabschluss in England Au-pair. Kann sie es sich als angehende Managerin leisten, *nur* in *Europa* ein Auslandssemester gemacht zu haben? Ihren Master machte sie *nur* in Österreich.

Vielen von uns Absolventen fällt es möglicherweise schwer zu verstehen, warum man keine Stelle findet, jedenfalls nicht direkt nach Abschluss einer Ausbildung oder eines Studiums. Einerseits sollte man Auslandserfahrung sammeln – und so liest man es in einigen Stellenausschreibungen –, andererseits wird man aber nicht hundertprozentig genommen, selbst wenn man diese vorweisen kann.

Es ist ja schön und gut, wenn man in Amerika studiert, aber wie wahrscheinlich ist es, dass man die Menschen, die man dort kennenlernt, einmal wiedersieht? Als ich noch in der Schule war und einen Englischkurs belegt hatte, kam vom Leiter des Kurses eine Anfrage, ob jemand von uns Schülern bereit sei, einen amerikanischen Austauschschüler aufzunehmen, während die amerikanische Truppe Deutschland kennenlernen möchte. Es seien nur ein paar Tage. Ich fand dieses Angebot unglaublich toll, also war eine sympathische Amerikanerin bei meiner Familie zu Gast. Es war eine schöne und unvergessliche Zeit, erst schrieben wir uns noch Briefe beziehungsweise Karten und schickten uns Pakete, aber seitdem haben wir uns nicht mehr wiedergesehen.

Wenn man sich für ein Auslandssemester in Österreich, der Schweiz, Südtirol oder im Fürstentum Liechtenstein entscheidet, ist es viel wahrscheinlicher, die Menschen, die man dort kennengelernt hat, einmal wiederzusehen. Erstens, diese Länder sind innerhalb eines Tages zu erreichen, zweitens, man kann hervorragend kommunizieren, da man dieselbe Sprache spricht. Und wenn man nicht ins Ausland gehen möchte, ist man deswegen nicht ungeeignet für eine Stelle. Das sagt ja auch viel Positives über jemanden aus: Man schätzt seine Heimat. Ist das nicht überaus positiv?

Als ich mein Studium beendet hatte, war es lange Zeit unglaublich schwierig, eine Stelle im Personalwesen zu finden (was mit Sicherheit daran lag, dass ich in diesem Bereich zu wenig Erfahrung hatte). Mittlerweile bin ich in der Personalentwicklung bestens aufgehoben. Direkt nach meinem Bachelorstudium vor wenigen Jahren war ich motiviert und voller Energie. Doch bei den Stellenausschreibungen drehte sich mir immer wieder der Magen um. Nicht, weil ich dachte, ich könnte die Erwartungen nicht erfüllen. Nein, vielmehr waren diese Erwartungen von vermutlich den Wenigsten zu erfüllen. Denn wenn es nach den meisten Stellenausschreibungen geht, sollte man mit dreißig Jahren bereits zehn Jahre Berufserfahrung haben, zwei Jahre leitende Projektleiterin in Amerika gewesen sein und mindestens vier Sprachen fließend sprechen (ich übertreibe) und das ist ja wohl schwer möglich. Und sollte das doch bei jemandem der Fall sein, dann: Herzlichen Glückwunsch! Haben Sie überhaupt Freunde?

Beschäftigen wir uns näher mit der Unternehmensberatung McKinsey. Vom Hörensagen und meinen Recherchen weiß ich, dass McKinsey ein Unternehmen ist, das nur die Besten der Besten einstellt. Hier kommt die Leistung ins Spiel: Wenn man zu den Besten gehören möchte, muss man einige Opfergaben bringen. McKinsey betreibt intensives Recruiting und bietet verschiedenste Events beziehungsweise Veranstaltungen an Universitäten an. Danach kann man sich sogar mit den Beratern austauschen bei einem gemeinsamen Snack. Klingt das nicht wunderbar? Ist doch ganz überzeugend! McKinsey bietet als Gegenleistung viel: Übernachtungen in Hotels, gutes Essen, teure Autos und so weiter. So sehen beispielsweise Ausschreibungen für eine Veranstaltung bei McKinsey aus, siehe Unternehmenshomepage (einen konkreten Link habe ich nicht, da die bereits stattgefundenen Veranstaltungen nicht mehr sichtbar sind):

»Wir laden Sie herzlich ein, sich im Rahmen unserer Vortragsveranstaltung einen ersten persönlichen Eindruck von uns zu verschaffen und mehr über uns, unsere Firma und unsere interdisziplinäre Arbeitsweise zu erfahren. Nach einer kurzen Einführung und Unternehmenspräsentation erläutern wir anhand konkreter Beispiele, wie wir Klienten in der Fertigungsindustrie weltweit dabei unterstützen, die aus den neuen technologischen Trends resultierenden Wertschöpfungspotenziale optimal für sich zu erschließen. Darüber hinaus erhalten Sie authentische Einblicke in den Berateralltag und den Werdegang unserer Berater(innen) (...). Beim abschließenden Get-together mit Snacks und Getränken besteht zudem ausgiebig Gelegenheit, mit unseren Berater(inne)n vor Ort (...) persönlich ins Gespräch zu kommen. Dabei beantworten wir Ihnen gern all die Fragen, die Sie uns im Hinblick auf Ihre weitere Karriereplanung schon immer einmal stellen wollten, und zeigen Ihnen auf Wunsch Ihre individuellen Einstiegs- und Entwicklungsmöglichkeiten (...) bei McKinsey auf.«

Oder:

»Wir laden Sie herzlich ein, sich im Rahmen dieser Veranstaltung einen ersten Eindruck von uns und unserer Firma zu verschaffen und hautnahe Einblicke in den Berufsalltag unserer Berater(innen) (...) von McKinsey zu gewinnen. Nach einer kurzen Einführung erläutern wir Ihnen zunächst unsere Arbeitsweise bei typischen Marken-Strategieprojekten, stellen Ihnen einige relevante Analysen vor und geben Ihnen hilfreiche Tools an die Hand. Anschließend erarbeiten Sie im Rahmen einer praxisnahen Fallstudie im Team die Markenstrategie für einen Global Player. Dabei erhalten Sie detailliertes Feedback von erfahrenen McKinsey-Berater(inne)n. Zum Abschluss präsentieren Sie Ihre Ergebnisse vor einer Jury. Zusätzlich zur Fallstudienarbeit erwartet Sie ein interessantes Rahmenprogramm in und um Kitzbühel: neben einer kleinen Wanderung unter anderem auch ein Hüttenabend sowie die Möglichkeit, sich an der hoteleigenen Kletterwand unter professioneller Anleitung im Klettern zu versuchen. Über den gesamten Workshop hinweg besteht zudem ausgiebig Gelegenheit, mit unseren Berater(inne)n vor Ort auch persönlich ins Gespräch zu kommen. Dabei beantworten wir Ihnen gern all die Fragen, die Sie uns schon immer einmal stellen wollten, und zeigen Ihnen auf Wunsch Ihre individuellen Einstiegs- und Entwicklungsmöglichkeiten bei McKinsey auf. Wir wissen aus Erfahrung: Gute Leute kennen gute Leute. Daher möchten wir Ihnen vorschlagen, potenzielle Interessenten an Ihrer Fakultät bzw. in Ihrem Umfeld auf diese Veranstaltung aufmerksam zu machen – und auf diese Weise die Zusammensetzung des Teams, das für Ihre Hochschule an den Start geht, mit zu beeinflussen. *Nur so viel noch vorab:* Als Teilnehmer(in) der Veranstaltung sind Sie unser Gast. McKinsey organisiert daher Ihre Unterbringung im Hotel und übernimmt selbstverständlich auch die Kosten für Übernachtung und Anreise.«

Klingt das nicht total verlockend?

Für Cristina ist die Unternehmensberatung wie eine Familie. Sandra findet die Vorstellung schrecklich, denn sie ist eine Person, die ihr Berufs- und Privatleben strikt voneinander trennt. Sandra äußert Cristina gegenüber ihren Kinderwunsch, doch diese hat selten ihren Kopf bei der Sache. Als Sandra nach langer Zeit des Wartens Cristina im Büro anruft, klagt diese über Kopfschmerzen. »Die hast du in letzter Zeit sehr häufig, Liebste. Du musst öfter Pausen machen«, sagt Sandra. »Das geht nicht, es ist zurzeit viel los in der Arbeit und wenn ich nicht dranbleibe, bleibt die Arbeit liegen.« Also diskutieren die beiden am Telefon. Sandra möchte Kinder, Cristina muss jetzt noch Arbeit für einen Kollegen erledigen, der der Kinder wegen nach Hause muss. Alsbald beenden sie ihr Telefonat.

Ich habe eine Dokumentation über Zeit mit Herrn Geißler gesehen, bei der auch ein Manager vorkam, der so ausgebrannt war, dass er nicht einmal mehr Treppen steigen konnte. Sein Arbeits- und Privatleben war nicht mehr ausgewogen. Der Mensch ist für ein Übermaß an Arbeit nicht gemacht. Er kann nicht mehr leisten als er zu leisten fähig ist. Jedenfalls nicht auf Dauer.

Ich habe einen Artikel über Karōshi, was übersetzt »Tod durch Überarbeiten« heißt, gelesen. Das ist vor allem in Japan der Fall.

Teilweise machen die Angestellten mancher Unternehmen mehr als achtzig Überstunden im Monat. Demnach überrascht es nicht, dass sehr viele Menschen aufgrund von chronischer Erschöpfung an Hirn- oder Herzschlag sterben oder sich gar suizidieren.

Übermäßiges Arbeiten gibt es nicht erst seit heute, in einer Welt, in der die Leistung eines jeden Einzelnen zählt. Auch früher haben die Menschen sich kaputt-, ja sogar zu Tode gearbeitet – sie mussten es. Früher, als die Europäer Amerika erobert hatten, gab es in Amerika viele europäische Plantagenbesitzer, die auf Sklavenwirtschaft umgestellt hatten, um möglichst günstig Zucker zu gewinnen, um diesen nach Europa zu bringen.

So schreibt der israelische Historiker Yuval Noah Harari: »Doch die Zuckerrohrernte und die Zuckerherstellung sind extrem arbeitsintensiv. Niemand wollte freiwillig den ganzen Tag auf malariaverseuchten Feldern und unter der erbarmungslosen tropischen Sonne arbeiten. Wenn die Pflanzer Lohnarbeiter beschäftigt hätten, dann wäre der Preis exorbitant hoch geblieben und die Süßwarenindustrie hätte es vermutlich nie gegeben. Mit ihrem Marktgespür und ihrer Profitgier stellten die europäischen Plantagenbesitzer also auf Sklavenwirtschaft um.

Zwischen dem 16. und dem 19. Jahrhundert wurden rund 10 Millionen Afrikaner als Sklaven nach Amerika verschleppt. Rund 70 Prozent arbeiteten auf Zuckerrohrplantagen. Die Arbeitsbedingungen waren unmenschlich, die meisten Sklaven starben einen qualvollen Tod, und viele weitere Millionen kamen schon während der Sklavenjagd oder auf dem langen Transport vom Innern des afrikanischen Kontinents nach Amerika ums Leben. Und das nur, damit die Europäer Zucker in ihren Tee rühren und Bonbons lutschen konnten – und natürlich, damit die Zuckerbarone riesige Gewinne einstreichen konnten.«[5]

Sandra möchte Kinder. Sie will eine Familie gründen und ihre Kinder mit ihrer Lebensgefährtin großziehen.

Während meiner Schulzeit sprach meine ehemalige Sozialkunde-Referendarin überzeugt in die Klasse, wie wichtig es sei, Kinder zu bekommen. »Bekommt Kinder«, sagte sie. Es wurde das Thema *Demographie* im Unterricht durchgenommen. Ich finde es klasse, dass die Entwicklung der Gleichberechtigung von Mann und Frau voranschreitet. Außerdem wächst der Egoismus in der Gesellschaft, was ja unter anderem daran zu erkennen ist, dass sich immer mehr Menschen im Netz darstellen. Frauen können sich zunehmend selbst verwirklichen. Und die Gemeinschaft zerfällt immer mehr – so auch die Worte von Herrn Geißler. Fakt jedenfalls ist, dass es in der Natur der Frau liegt, Kinder zu bekommen. Das ist Biologie. So schreibt es auch der israelische Historiker Yuval Noah Harari in *Eine kurze Geschichte der Menschheit.* Kinder oder Karriere? Oder sogar beides? Schwierig. Irgendjemand leidet immer darunter.

Trotzdem gehen immer mehr Väter in Elternzeit, wenn auch nur für ein paar Wochen. Da hat der Staat schon sehr gute Arbeit geleistet, aber es ist noch viel Luft nach oben. Ein Kind braucht wenige feste Bezugspersonen, vor allem in der ersten Lebenszeit. Und meistens ist es ja so, dass ein Kind verhaltensauffällig wird, wenn es nicht die so nötige und wichtige Geborgenheit und Liebe seiner Eltern bekommt. Wenn diese Grundlagen nicht geschaffen sind, geht es dem Kind nicht gut. Das ist doch furchtbar traurig. Ich habe viele solche Fälle erlebt. Für Alleinerziehende sind Krippen fast notwendig. Alleinerziehende haben es hier noch viel schwerer. Außerdem traue ich mich zu sagen, dass die Kinder heutzutage viel aggressiver sind.

Kinder sind Geschenke und nicht irgendeine Zierde. Kinder sind Menschen, die so behandelt werden müssen, dass sie in Geborgenheit ihre eigene Identität entwickeln können. Für Kinder braucht man Zeit und die hat man nicht, wenn man beispielsweise auf eine Beförderung hinarbeitet. Kinder soll man bekommen, wenn man sich dafür Zeit nehmen will. Man ist nicht allmächtig, man hat keine zwei Körper. Man kann nicht in der Arbeit schuften und gleichzeitig auf das Kleine aufpassen.

Wenn beruflich erfolgreiche und viel arbeitende Frauen Kinder haben möchten, sollten sie sich im Klaren sein, dass Kinder emotional nicht das bekommen können, was sie bekommen würden, wenn die Frauen ein oder zwei Jahre in Elternzeit gehen würden.

Erinnern wir uns an die 1940er und die darauffolgenden Jahre. Die Menschen waren mit dem Wiederaufbau der Städte und Dörfer nach dem Zweiten Weltkrieg beschäftigt, Traumata wurden ertragen und psychische beziehungsweise seelische Verletzungen verdrängt, sofern dies möglich war. Irgendwie haben die Menschen sich aber durchgekämpft. Manchen gelang es mehr, manchen weniger. Die Zeiten waren hart. Psychologische Hilfe haben sich vermutlich die Wenigsten geholt, geschweige denn bekommen. Die Gesellschaft war zum damaligen Zeitpunkt noch nicht so weit. Heute wird das Thema zunehmend enttabuisiert.

Nun denken wir an die heutige Zeit und daran, wie viele Menschen heutzutage erkranken, und das, obwohl der wirtschaftliche Wohlstand immer mehr zunimmt. Ja, richtig, der wirtschaftliche Wohlstand, jedoch nicht der emotionale. Das ist zu unterscheiden. Der Mensch sucht sein individuelles Glück, nicht mehr aber das gemeinschaftliche. Selbstverwirklichung steht ganz oben und sich selbst verwirklichen könne man teilweise, wenn man Karriere mache. Auf die Frage: Und, was machst du so? kommt ja – eigentlich fast immer – die Antwort, was man beruflich macht. Der Mensch identifiziert sich über den Beruf. Früher war man mächtig, wenn man nicht gearbeitet hat. Die römischen Feldherren haben in der

Sauna geschwitzt, während ihre Sklaven die Felder bearbeitet haben.

Ständig wird einem vorgegeben, wie man sein und welche Kompetenzen man haben muss. Man muss irgendwie besser sein als die anderen – schneller, intelligenter, kommunikativer. Reicht denn die einfache Grundform nicht mehr aus? Reicht es nicht aus, wenn man *nur* kommunikativ und interessiert ist? Nein, es muss die absolute Begeisterung sein, die hervorragenden Kenntnisse in Sachen Sprachen und Computer, das sechsmonatige Auslandspraktikum in New York und das fünfmonatige Auslandssemester im Oman. Manchmal ist es vielleicht gut, zwischendurch stehen zu bleiben. Dann merkt man erst, wie man sich entwickelt. Wenn alles so schnell geht und die Tage so vollgestopft sind, kann man sich nicht mehr oft Zeit nehmen, um über gewisse Dinge nachzudenken. Man kommt nicht mehr hinterher. Das macht Stress.

Während meines Studiums habe ich bei einem Automobilhersteller ein Praktikum gemacht und auf Plakaten war zu lesen: »Wir wollen die besten sein, ohne arrogant zu sein.« Gut, um zu überleben, muss das jeweilige Unternehmen gut – nein –, sehr gut sein. Damit das Unternehmen also Chancen auf dem Markt hat, ist es wichtig, Erfolg zu haben, viele Autos zu verkaufen sowie sehr gute Mitarbeiter zu haben. Als Gegenleistung dazu verspricht das Unternehmen ein überdurchschnittliches Gehalt.

Jeder Mitarbeiter hat also eine gewisse Verantwortung: Er muss gut sein, denn wenn er gut ist, ist wohl auch das Unternehmen gut (wozu es auch gute Führungskräfte braucht), und wenn das Unternehmen gut ist, hat es Erfolg, und wenn es Erfolg hat, wird es viel Umsatz machen, und wenn es viel Umsatz macht, kann es seine Mitarbeiter wiederum gut bezahlen. Das ist ein Kreislauf, der nicht endet. Jeder Mitarbeiter muss also gewisse Erwartungen erfüllen, meistens mehr, als es möglich ist. *Burnout* ist heute ein gängiges Wort. Unternehmen wollen die besten Kandidaten. Kandidaten wollen zu den besten Unternehmen. Die Erwartungen steigen. Erwartungen stressen. Wo Stress hinführen kann, ist allseits bekannt.

Eine Bekannte von mir berichtete mir vor Jahren vom Vortrag eines Managers. Der Referent habe berichtet, wie es zu seinem Burnout kam. Ungefähr so soll es gewesen sein: Karriere stand bei diesem Mann an oberster Stelle. Mit der Zeit habe er sich verändert, ohne es selbst zu merken. Seine Vertrauten haben dies jedoch festgestellt. Wenn andere spüren, wie sehr man sich verändert, ohne dass man es selbst merkt, ist das eine weitere Stufe des Burnouts. Man tut nur noch alles, um Erfolg zu haben, um für das Unternehmen da zu sein und vergisst sich selbst völlig, arbeitet wie eine Maschine und funktioniert nur noch so lange, bis die Maschine kaputt ist.

Mein Cousin soll einmal eines Morgens aufgewacht sein und gesehen haben, dass sein Chef um drei Uhr morgens versucht hatte, bei ihm anzurufen...

Ich frage mich oft, wie es Menschen nach ein paar sehr arbeitsintensiven Jahren wohl gehen mag. Werden sie feststellen, dass sie im Grunde genommen beinahe kein Privatleben hatten? Oder es bereuen, dass sie sich keine oder kaum Zeit für ihre Kinder genommen hatten, sofern sie überhaupt welche wollten? Wird sich nach all den Jahren eine plötzliche Leere ausbreiten, in der sie feststellen, dass sie ihr Leben dem Beruf geopfert haben? Werden sie plötzlich einen Herzinfarkt bekommen oder an Burnout oder Depressionen erkranken? Sehen sie vielleicht irgendwann ein, dass es sehr viel mehr als die Karriereleiter und ein fettes Gehalt gibt? Ist natürlich auch alles eine Frage der Erziehung, Einstellung, Werte et cetera. Gleichzeitig stehen die Vier-Tage-Woche in der Diskussion, die Reduzierung der Arbeitszeit bei gleichem Gehalt und die Frage, wie wichtig Karriere wirklich ist.

Wenn man sich die Homepage von McKinsey ansieht, stellt man fest, dass man ausschließlich Profile von eher jungen Angestellten sieht. Ich schätze diese Angestellten auf ein Alter von Ende zwanzig / Anfang dreißig bis vierzig. Ich habe bisher noch kaum das Profil eines Angestellten gesehen, der älter als ungefähr fünfzig Jahre ist. Das kann die verschiedensten Gründe haben. Es gibt Menschen, die halten dem – zumindest eine Zeit lang – Stand, andere hingegen zerbrechen an dieser Vielzahl an Arbeitsstunden, verbunden mit ständiger Erreichbarkeit und beruflichen Auslandsreisen hinaus in die ganze Welt. Zeitverschiebungen, Stress, wenig Privatleben. Aber mit Sicherheit gibt es auch Angestellte, die hart darauf hingearbeitet haben und das ein paar Jahre machen, um danach einen noch besseren Job zu bekommen, denn die Türen stehen danach eher weiter als weniger weit offen. Und wenn man sich durch die Events klickt, stellt man fest, wie häufig mittlerweile geschrieben wird, was die Berater in ihrer Freizeit machen. Als ob die dann jeden zweiten Tag wandern gehen?! Und jeden Monat eine Woche verreisen?! Oder stundenlang am Tag Marmelade einmachen?

Cristina ist eine ehrgeizige Frau – zu ehrgeizig. Sie macht stets mehr, als von ihr erwartet wird, zudem hat sie auch an sich selbst hohe Erwartungen. Cristinas Eltern hatten eine Anwaltskanzlei, da war natürlich klar, dass zwei erfolgreiche Anwälte keine Putzfrau als Tochter haben wollten. Cristina beklagte sich ständig darüber, dass ihre Eltern so viel von ihr verlangten. Bereits in der Grundschule war es ihr verweigert, mit anderen Kindern zu spielen. Ständig musste sie Hausaufgaben machen und lernen. Ihre Eltern baten ja sogar ihre Lehrerin, Cristina Zusatzaufgaben zu geben. Nach der Lernzeit stand jeden Tag etwas anderes auf dem Programm: Mal machte Cristina Ballett, mal ging sie in den Chor, mal besuchte sie eine Kinderturnstunde. Sie wurde ständig gefordert. »Ich kann nicht mehr«, sagt sie, als sie endlich nach Hause kommt. Sie redet sich alle Wut, Aggressionen und Trauer von der Seele. Cristina kann es nicht mehr ertragen, Überstunden anzuhäufen, die sie sowieso nicht ausgleichen kann und darf. Schließlich gibt es einfach immer Arbeit. Sie hat es satt, ständig die Arbeit ihrer Kollegen zu erledigen, die ja immer früher nach Hause *müssen*, um ihre Ehe zu pflegen, oder mit einem anderen Kollegen auf ein paar Bier in eine Bar gehen, da zu Hause aus *Zeitgründen* gleich niemand auf sie wartet. Arbeitskollegen sind die neue *Familie*. Cristina hat es satt, ständig von allen angestarrt zu werden, die hinter ihrem Rücken reden und sich auffällig wegdrehen, wenn sie zu ihnen blickt. Sie hält es nicht mehr aus, dieses Gelächter ihrer Kollegen. Sie sind es dann, die befördert werden und eine satte Gehaltserhöhung bekommen, die ohne Rücksicht auf andere mit ihrem Egoismus Angestellte, die nicht mithalten können, aus dem Konzern vertreiben. Dieses bescheuerte *Up or out*. Unbezahlt arbeiten, um befördert zu werden, um anschließend noch mehr zu arbeiten. Doch zu welchem Preis? Oder früher ausstempeln (sofern überhaupt gestempelt wird) und noch zwei Stunden an Arbeit dranhängen, um bald aufzusteigen.

Mit großer Unterstützung von Sandra schafft Cristina es endlich, sich von ihrem Arbeitgeber zu trennen. Sie geht zu einer Psychotherapeutin, kann ihre Einstellungen ändern und beginnt eine neue Arbeit in einem Kloster als Chefin der Personalentwicklung. Zufriedenheit, Glück und Wohlbefinden spielen hier eine entscheidende Rolle. Einige Monate später trifft sie im Kloster eine ehemalige Mitarbeiterin, die an einer Erschöpfungsdepression erkrankt ist und nun zurück ins Leben finden möchte. Cristina kann wieder sagen, dass sie zufrieden ist, zudem ist sie dabei, mit Sandra eine Familie zu gründen.

Gestresste Gesellschaft

Es war der *Tatort: Stau* vom 10. September 2017 (damals habe ich noch öfter *Tatort* geguckt). In der Anfangsszene wurden verschiedene Personen in unterschiedlichen Alltags- und Lebenssituationen gezeigt.

Da ist ein Anwalt mit seinem Kleinkind, der – wie sich im Laufe der Sendung herausstellt – eine Affäre hat. Untertags arbeitet er und abends soll er Zeit für seine Familie haben. Dem versucht der Mann schon mal zu entrinnen und geht eine Affäre ein. Beim Abholgespräch mit der Erzieherin des Kindes sagt diese: »Das ist doch furchtbar, wie die Leute durch ihr Leben hetzen, immer am Schaffen, immer in Eile. (…) während die Leute immer auf dem Gaspedal stehen und mit starrem Blick geradeaus auf der Überholspur irgendwohin rasen und selber gar nicht wissen, wohin eigentlich.«

Da ist ein Krankenfahrer, der 120 Kilometer pro Stunde fahren müsste, um pünktlich einen Patienten abgeben und den nächsten abholen zu können. Da die Touren aber anders geplant sind, ist es ihm gar nicht erst möglich, pünktlich zu sein. Im Laufe der Sendung raucht er mit der unten genannten Ehefrau sowie dem Chauffeur einer sehr respektlosen und unter Termindruck leidenden Managerin im Krankentransporter einen Joint.

Da ist ein Mann, der nach Feierabend noch einen langen Umweg fahren muss, um ein Paket abzugeben, was ihm sein Chef verordnet hat.

Da ist ein Paar, das sich ständig streitet und Termine beim Paartherapeuten wahrnimmt. Jedoch sagt die Ehefrau die Termine im Laufe der Sendung ab und will mit ihrem Mann nichts mehr zu tun haben. – Der Ehemann ist seit zehn Jahren nicht geblitzt worden.

Seine Ehefrau wirft ihm das vor, dass das ja nur an der Blitz-App liege, die ihm anzeige, wann er rasen kann und wo ein Blitzer steht. Dann ist da eine gehetzte und gestresste Mutter, die mit ihrem Kind im Auto viel zu schnell fährt – die Täterin. Zudem erfüllt sie ihrer Tochter jeden Wunsch, da diese sonst Terror macht.

Oben genannte gestresste Managerin sagt zu ihrem Chauffeur: »Ist nicht Ihr Ernst, oder? Sie wollen mich jetzt in diesen Stau reinfahren?« Als ob es eine andere Möglichkeit gäbe.

Meiner Meinung nach spiegeln diese im Film aufgeführten Personen beziehungsweise Situationen die deutsche Gesellschaft und was aus ihr geworden ist sehr gut wieder. Sogleich greift der ein oder andere zum Handy, um der Person am anderen Ende des Telefons mitzuteilen, dass Stau ist und er zu spät kommt.

Der Stress fängt ja schon vor der Haustür an, wenn es darum geht, einen geeigneten Parkplatz für sein Auto in der Stadt zu finden. Überfüllte Straßen, Ampeln, Feierabendverkehr, Staus. Das alles scheint kein Ende zu haben. Man verspätet sich, ist bereits am Morgen schon gestresst, was in der Arbeit kein Ende zu nehmen scheint. Termindruck, Stress. Und dieses ständige Funktionieren-Müssen.

Vor einiger Zeit (es ist schon ein paar Jahre her) traf ich mich mit einer anderen ehemaligen Mitbewohnerin zum Sushi-Essen in einem damals noch relativ neuen Lokal. Das Bestellsystem war etwas kompliziert und anfangs stresste mich das auch ein wenig, denn man musste via Tablet sein Essen ordern. Erstens, wenn ich esse, möchte ich mich ausschließlich auf das Essen und Genießen konzentrieren. Denn wenn ich esse, esse ich, dann möchte ich nicht zwischendurch in dieses Gerät eintippen, um meine neuen Wünsche zu bestellen. Aber nun gut, das Sushi schmeckte.

Meine Bekannte erzählte mir, dass ihr Freund mit ihr Schluss gemacht hatte, aber so richtig Schluss noch nicht ganz war. Gehen wir ein paar Monate zurück:

Saskia hatte Marco kennengelernt und sie waren sich auf Anhieb sympathisch, so dauerte es nicht lange, bis sie ein festes Paar wurden. Ich fand Marco wirklich nett. Er war ein sehr offener, aufgeschlossener und selbstbewusster Mann, jedenfalls wirkte er so auf mich. Er trank des Öfteren ein Bier zu viel.

Leider ging er dann inmitten der Anfangsphase ihrer Beziehung nach Frankfurt am Main, um am Immobilienmarkt tätig zu werden, von daher mussten die beiden eine Fernbeziehung eingehen. Marco besuchte Saskia gelegentlich und Saskia war des Öfteren bei Marco in Frankfurt.

Nun, Monate später, hatte sie mir ihr plötzliches Beziehungsaus gestanden. Meine Bekannte erzählte mir, dass Frankfurt Marco sehr verändert hatte, er sich zum damaligen Zeitpunkt noch in der Probezeit befunden habe und auch von den Kollegen wohl stark unter Druck gesetzt wurde. »Das passt nicht zu ihm. Er ist sehr bodenständig.« »Naja, das ist klar«, sagte ich. »Er hat sehr viel Stress und ist einem großen Druck ausgesetzt.«

Wir unterhielten uns darüber, dass die Probezeit sehr hart sei. In so einem Bereich werde es vermutlich ohnehin nicht gern gesehen, wenn man Schwäche zeigte oder gar krank machte. »Kann er seine Überstunden denn ausgleichen?« »Nein«, antwortete Saskia. Am Jahresende bekomme Marco einen Bonus, er rechne mit zehntausend Euro. »Da steht man sehr unter Druck, wird gezwungen, mitzuhalten. Das Geld ist ja quasi ein Druckmittel.« »Wenn er so weitermacht, kriegt er noch einen Burnout«, sagte Saskia. »Aber er will das durchziehen.«

Ich sagte, dass es zwei Möglichkeiten gebe: Entweder er bricht ab oder er zieht es durch. Wobei es nach der Probezeit möglicherweise besser werden wird. »Und naja ... Als er mich besucht hat, war er am Freitagabend bereits betrunken und hat dann bald geschlafen. Die Woche war auch sehr anstrengend. Am Samstag hat er dann wieder getrunken. Und am Sonntag auch.« Das war traurig ...

Ich sagte ihr, dass er so sehr unter Druck und Stress stehen müsse, dass er den Alkohol brauche, um sich entspannen zu können, um runterzukommen. »Er hat nur noch über die Arbeit geredet.«

Saskia erzählte mir, dass er jeden Tag um neun Uhr morgens anfängt zu arbeiten und um acht Uhr abends das Büro verlässt. Einmal, als sie ihn in Frankfurt besucht hatte, war sie mit ihm sogar an einem Sonntag im Büro, denn er musste noch zwei Excel-Tabellen fertigstellen. »Ja, er hat sich sehr verändert.« Ich sagte Saskia, dass mir das sehr leidtue, aber ihr gehe es soweit gut. »So richtig Schluss ist ja noch nicht«, meinte sie. Jedenfalls hatte Marco unter Tränen die Beziehung beendet.

Ja, so ein stressiges Leben verändert einen. Nur, was nützt einem das? Man bekommt zwar überdurchschnittlich viel Geld, hat aber dafür fast kein Privatleben mehr, Beziehungen gehen zu Bruch und man leidet psychisch stark unter der hohen Arbeitsbelastung.

Abbrechen mochte Marco nicht, denn wie würde das in seinem Lebenslauf aussehen?

Entweder fressen und leiden, auf Besserung hoffen und seine Gesundheit riskieren oder aber abbrechen und sich eingestehen, dass man in einer anderen Branche gesündere Bedingungen hat, die besser zu einem passen.

So unterhielt ich mich also mit einigen Menschen beziehungsweise erfuhr von deren Geschichten. Da ging es zusammengefasst also um: Ich bin nicht gut genug, Arbeitsstress, Schwierigkeiten bei der Stellensuche, die mit Gefühlen der Verzweiflung und mit Zukunftsängsten einhergehen, eine sehr unausgewogene Work-Life-Balance, noch mehr Arbeitsstress mit Überstunden und vieles mehr. Gerade

die Übertrittszeit von Ausbildungsende beziehungsweise Studienab-
schluss ist eine durchaus krisenbehaftete Zeit, gerade bei uns jungen
Erwachsenen.

Bewerbungsstress

Wenn man sein Studium oder seine Ausbildung beendet hat beziehungsweise dabei ist, zu beenden, muss man sich damit auseinandersetzen, wie es in Zukunft weitergehen soll. Im Normalfall bewirbt man sich auf eine oder mehrere Stellen, um eine passende Arbeit zu finden, mit der man seinen Lebensunterhalt bestreiten kann. Heutzutage ist das nicht mehr so einfach, denn die Erwartungen an uns Menschen sind sehr hoch. Man braucht Berufserfahrung, doch wie soll man die sammeln, wenn diese Voraussetzung ist? Dann: Befristete Verträge. Arbeit über einen Dienstleister, wo man weniger Geld verdient als im Unternehmen selbst. Wie soll das nur weitergehen?

Es wird viel vom roten Faden gesprochen, der im Lebenslauf erkennbar sein solle. Wie soll das denn bitte gehen, wenn man erst am Ende seines Studiums wirklich herausgefunden hat, was man eigentlich beruflich machen möchte? Und was ist schon dieser berühmt-berüchtigte *rote Faden*?

Die Phase des Bewerbens kann einen sehr herausfordern und an sich zweifeln lassen, schließlich wird man auch viele Absagen erhalten. Von einer ehemaligen Bekannten weiß ich, dass diese erst neun Monate nach ihrem Masterstudium eine Arbeitsstelle gefunden hatte, diese aber nach weiteren vier Monaten wieder verließ, da es unmöglich war, dort zu arbeiten. Wofür hat man überhaupt studiert, wenn man ein Jahr danach noch keine einigermaßen passende Stelle gefunden hat? Die Konkurrenz ist groß und jeder Professor möchte auch eine Existenzberechtigung haben. Aber in manchen Fachgebieten sind die Stellenaussichten einfach miserabel. Fakt ist: Stellensuche ist kein Honigschlecken. Sicherlich gibt es Menschen, die mehrere Angebote vor sich auf dem Tisch liegen haben. Eine schöne Vorstellung.

Eine Freundin meiner älteren Schwester wollte nach ihrem Bachelorstudium eigentlich arbeiten. Sie hatte irgendetwas mit Gesundheit studiert und nach ihrem Studium eine Teilzeitstelle in einer Psychologenpraxis angetreten, wo sie auch nicht lange blieb. Ihr ging es wohl sehr schlecht, da es hart für sie war, beruflich Fuß zu fassen. Ihre letzte Option war das Masterstudium im betriebswirtschaftlichen Bereich, denn im Gesundheitsbereich war es sehr schwer, eine Stelle zu finden. Also begann sie erneut zu studieren, empfahl mir damals, das ebenso zu tun, denn die Zeit gehe ja ohnehin sehr schnell vorüber.

Während meines Studiums wohnte ich in einer Wohngemeinschaft. Sabina, eine Mitbewohnerin, hatte ein Auslandssemester in England gemacht, einen guten Masterabschluss und sogar eine Ausbildung absolviert (ich habe sie bereits erwähnt). Sie hatte bereits in einem großen Unternehmen gearbeitet, doch selbst das brachte ihr … rein gar nichts. Nach ihrem Studium fing sie im Arbeitsamt an zu arbeiten – eine Stelle, die eigentlich für Absolventen einer Ausbildung angedacht war. Es gefiel ihr dort wohl sehr gut und sie durfte sich glücklich schätzen, dass ihre Stelle irgendwann entfristet wurde. Vielleicht arbeitet sie immer noch dort, ich weiß es nicht. Wir haben keinen Kontakt mehr.

Von einer anderen Bekannten meiner älteren Schwester (die Zweiflerin) weiß ich, dass sie sich dazu entschied, eine Stelle im Norden Deutschlands anzunehmen, während ihr damaliger Freund im Süden blieb, bereits ein Haus baute und an die gemeinsame Zukunft dachte. Die Beziehung ging dann bald in die Brüche. Fakt ist: Arbeit und Beziehung miteinander zu verbinden, ist leider nicht immer beziehungsweise nicht mehr so einfach.

Es ist zu ersehen, dass beinahe jeder mit den gleichen Dingen zu kämpfen hat.

Vor Jahren erhielt ich die E-Mail-Adresse von einer Gleichgesinnten, zu der ich also Kontakt aufnahm, die während ihres Studiums damals in der Personalabteilung eines großen Unternehmens gearbeitet hatte. Sie warf sogar einen Blick auf meine Bewerbung. Aus ihrer Antwort konnte ich herauslesen, dass es ihr nicht gut ergangen war bei der Stellensuche. Sie selbst kannte meine damalige Situation nur zu gut und hatte ebenso viele Probleme, etwas zu finden. Gleichzeitig freute sie sich, dass sie zum Master in Human Resources Management zugelassen wurde. Sie schrieb: »Davor war ich aber auch so fertig, hatte auch richtige Zukunftsängste.« Sie beurteilte noch meine Bewerbung, gab mir Empfehlungen und machte mir auch Hoffnung. Ich schrieb von meiner eigenen Verzweiflung und bedankte mich zu guter Letzt für ihre Hilfe.

Ich spürte, dass Sarah und ich auf einer Wellenlänge waren. Gleiches Schicksal verbindet.

Laura, eine Bekannte von mir, hatte eine Zeit lang in einem Großunternehmen gearbeitet. Sie hatte Pädagogik studiert und es in den heiß begehrten Personalbereich geschafft. Laura hatte sich damals für den Master entschieden und irgendwann nach dem Studium eine Stelle inne, die eigentlich für Ausbildungsabsolventen angedacht war. Besser als nichts. Irgendwann entschied sie sich für eine andere Stelle. Nach all den Jahren hatte sie endlich eine Arbeit gefunden, die ihren Qualifikationen entsprach. Aber selbst dort, nach über einem Jahr, ging es ihr nicht sonderlich gut, da sie die einzige Vollzeitkraft war und sich die Überstunden nur so anhäuften.

Viele Unternehmen schreiben überwiegend Stellen für Praktikanten aus. Praktikanten oder Werkstudenten sind billige Arbeitskräfte und in letzter Zeit werden auch mehr Pflicht- als freiwillige Praktikanten gesucht, da diese weniger Lohn erhalten und keinen

Urlaubsanspruch haben, soweit ich weiß. Anstatt Stellen für Absolventen zu schaffen, entscheidet man sich lieber für Praktikanten.

Ein Dienstleister war bei diesem Großunternehmen, in dem Laura arbeitete, beschäftigt, der Arbeitskräfte zur Verfügung stellte. Und wie es das Schicksal so wollte, wurden drei der Mitarbeiter des Dienstleisters in der kleinen Abteilung von heute auf morgen entlassen. Das Großunternehmen brauchte sie nicht mehr. Das Betriebsklima verschlechterte sich darüber hinaus.

In ihrer neuen Stelle hatte Laura sehr viel Stress. Einmal machte sie innerhalb einer Woche um die zehn Überstunden und baute sogar einen Autounfall ... Die Namen in den Beispielen sind selbstverständlich abgeändert. Diese Beispiele liegen auch schon Jahre zurück.

Zusammengefasst lässt sich sagen: Das Leben ist kein Zirkus. Aber schwer ist es auch nicht.

Zufriedenheit und Lebensqualität

Erziehung bedeutet laut dem Großen Herder »die Formung des Menschen durch einen anderen od[er] durch sich selbst«. Folgende »Zielbilder« müssen bei der Erziehung erreicht werden: die »Weckung u[nd] Entfaltung aller wertvollen Anlagen eines Menschen, seine Befähigung zur Teilnahme am geistigen und polit[ischen] Leben in den Gemeinschaften u[nd] die Gestaltung einer sittl[ich]-religiösen Persönlichkeit« (S. 607). Damit der Mensch ein gutes und gelingendes Leben führen kann, bedarf es eines gewissen Maßes an Selbsterziehung. Schon der deutsche Philosoph Immanuel Kant sagte, dass der Mensch mündig und selbstbestimmt leben müsse. Um psychischen wie auch physischen Erkrankungen vorzubeugen, ist es wichtig, dass der Mensch zuerst seine eigenen Erwartungen erfüllt. Das bedarf der Selbsterziehung, die für die Gesundheit unabdingbar ist. Zu hoch sollten die Erwartungen natürlich auch nicht sein. Realistische Ziele zu haben ist sehr wichtig.

Wer kennt nicht folgenden Spruch des französischen Schriftstellers Antoine de Saint-Exupéry: »Man sieht nur mit dem Herzen gut. Das Wesentliche ist für die Augen unsichtbar.« Von ihm stammt auch der Spruch: »Es gibt nur einen wirklichen Reichtum: die menschlichen Beziehungen.« Ich habe ein Buch gelesen, in dem es um soziale Beziehungen und Lebenszufriedenheit im Alter in Abhängigkeit von der Lebenswelt geht. Die Autorin schreibt darin, dass die soziale Interaktion in entscheidender Weise zum Lebensglück des Menschen beitrage.[6]

Hierfür gebe es verschiedene Erklärungen, die »von einer direkten positiven Wirkung der sozialen Interaktion aus[gehen] oder von einer Relativierung negativer oder stressreicher Lebensereignisse. [D]ie soziale Interaktion [hat] nur dann positive Auswirkungen, wenn auch der einzelne seinem Interaktionspartner in ebenbürtiger Weise entgegentreten kann.«

Im Artikel *Wissenschaftler erklären, wie sich Glück steigern lässt* heißt es, dass »Studien zeigen, dass Menschen soziale Wesen sind und es ihnen guttut(,) von Freunden umgeben zu sein. Menschen mit vielen sozialen Kontakten haben im Durchschnitt ein niedrigeres Cortison-Level (…) als Personen mit wenigen sozialen Kontakten.«[7]

Auch soll der Mensch Zweck sein. Götz Wolfgang Werner, Gründer des Unternehmens dm-drogerie markt GmbH & Co. KG, schreibt, dass er die Erkenntnis gewonnen hat, »dass der Mensch stets Zweck sein muss und nie Mittel zum Zweck sein darf. (…) Denn: Ohne Menschen gäbe es keine Wirtschaft. Die Wirtschaft ist für die Menschen da und nicht umgekehrt. Also ist die Wirtschaft das Mittel und der Mensch der Zweck.« An dieser Stelle möchte ich das Buch *Wann fällt der Groschen? 52 Schlüsselfragen zum eigenen Leben* empfehlen. Hier lernt man beim Lesen, sich mit sich selbst zu beschäftigen.

Wie heißt es denn im Grundgesetz für die Bundesrepublik Deutschland, Artikel eins, Absatz eins: »Die Würde des Menschen ist unantastbar. Sie zu achten und zu schützen ist Verpflichtung aller staatlichen Gewalt.« Es geht darum, dass der Mensch gewürdigt, geachtet und geschätzt wird als der, der er ist, das heißt, dass der einzelne Mensch wichtig ist. Werner schreibt in seinem Buch, dass die gesellschaftliche Realität die ist, dass wir kein Kollektiv in den Mittelpunkt stellen, sondern den Einzelnen. Das ist der Singular, nicht der Plural, deshalb ist jeder Einzelne höchstpersönlich gemeint.

Weiter heißt es in Artikel eins, Absatz zwei, Grundgesetz: »Jeder hat das Recht auf Leben und körperliche Unversehrtheit. Die Freiheit der Person ist unverletzlich. In diese Rechte darf nur auf Grund eines Gesetzes eingegriffen werden.«

Viele Menschen leiden heutzutage unter physischen und psychischen Störungen wie zum Beispiel Herz-Kreislauf-Krankheiten, Magen-Darm-Erkrankungen, Beeinträchtigung des psychischen Wohlbefindens (Schlafstörungen, Nervosität, Gereiztheit und so weiter) sowie Depressionen oder beziehungsweise und dergleichen. Den größten Teil der Wachzeit unter der Woche verbringt man als Vollzeitarbeiter in der Arbeit. Die Arbeit muss also viel dazu beitragen, dass das Leben eines jeden Mitarbeiters qualitativ gut ist. Das Wissen mag zwar da sein, an der Umsetzung scheitert es aber teilweise. Aber da der Mensch normalerweise ein nach Glück strebendes Wesen ist, wird er mit Sicherheit Methoden finden, um die Zufriedenheit innerhalb von Organisationen zu verbessern.

Zufriedenheit und Arbeit

In unter anderem Deutschland gibt es das *Great Place to Work®
Institute.*[7] Auf der Homepage des Institutes heißt es: »Unsere Auf-
gabe ist die Verbesserung der Gesellschaft durch die Schaffung einer
besseren Arbeitsplatzkultur.« Im Folgenden sollen die Tätigkeiten
dieses Institutes aufgelistet werden.

Unter anderem soll die von den Mitarbeitern erlebte Qualität
und Attraktivität von Arbeitgebern untersucht werden. Außerdem
wird zur Gestaltung einer in hohem Maße auf Vertrauen, Stolz und
Teamgeist beruhenden Arbeitsplatzkultur beraten und geschult. Das
Institut ermittelt darüber hinaus regelmäßig sehr gute Arbeitgeber
und stellt diese der Öffentlichkeit vor. Mehrere hundert Unternehmen lassen jährlich von diesem Institut ihren Standort als Arbeitgeber bestimmen und werden in ihrer Zielsetzung und Entwicklung
als attraktive Arbeitgeber unterstützt.

Das Institut folgt der Erkenntnis, dass Unternehmen mit einer
herausragenden Arbeitsplatzkultur zufriedene, motivierte und lo-
yale Mitarbeitende haben, attraktiv auf Bewerber wirken, ihre Ziele
effektiver erreichen und wirtschaftlich insgesamt erfolgreicher sind.

Das ist der Ansatz des Institutes: »Die Mitarbeitenden kommen
gerne zur Arbeit. Ich bin stolz auf das, was wir gemeinsam leisten.
Ich möchte hier noch möglichst lange arbeiten. Alles in allem kann
ich sagen, dies hier ist ein großartiger Arbeitsplatz.«

Auf der Internetseite heißt es: »So oder so ähnlich äußern sich
Arbeitnehmer über ihren Arbeitgeber, wenn sie im Unternehmen
eine attraktive Arbeitsplatzkultur erleben, ihre Arbeitgebermarke
als ein(…) Top Arbeitgeber beschrieben wird und in ihrem Unternehmen die Mitarbeitendenzufriedenheit eine besondere Rolle ein-
nimmt.

Die Untersuchung der Kernqualitäten einer solchen erfolgsfördernden und die Beschäftigten begeisternden Arbeitsplatzkultur sowie deren Messung, die mit Hilfe einer Mitarbeitendenbefragung und der Analyse der Personalinstrumente erfolgt, steht im Mittelpunkt unserer Arbeit.

Auf der Grundlage unserer wissenschaftlichen Erkenntnisse und unserer praktischen Erfahrungen unterstützen wir unsere zahlreichen Kunden bei der Schaffung einer ausgezeichneten Arbeitsplatzkultur. Dabei folgen wir unserer Erkenntnis: Jedes Unternehmen – gleich welcher Größe, Branche oder Region – kann ein ausgezeichneter Arbeitgeber werden.«

Weiter heißt es dort: »Eine ausgezeichnete Arbeitsplatzkultur wird in der alltäglichen Beziehung zu den Beschäftigten geschaffen und nicht über eine reine Auflistung von Maßnahmen und Leistungen. Zur Verdeutlichung der aktuellen Unternehmens- und Vertrauenskultur von Arbeitgebermarken führt Great Place to Work® Arbeitgeberbewertungen sowie Rankings durch und zeichnet die besten Arbeitgeber aus.

Arbeitnehmer empfinden ihr Unternehmen als attraktiven Arbeitgeber, wenn sie in besonderem Maße:

VERTRAUEN zu den Menschen haben, für die sie arbeiten;

STOLZ sind auf das, was sie tun;

FREUDE haben an der Zusammenarbeit mit den Kollegen.

Ein attraktiver Arbeitsplatz ist da, wo die Mitarbeitenden denen vertrauen, für die sie arbeiten, stolz sind auf das, was sie tun, und Freude an der Zusammenarbeit mit ihren Arbeitskollegen haben.«

So sagt es Robert Levering, der Mitbegründer des Institutes.

Um erneut auf Medien wie das Smartphone einzugehen: Um produktiv zu arbeiten, ist es wichtig, nicht abgelenkt zu sein. Also weg mit überflüssigen technischen Geräten!

Am 18. Oktober 2021 durfte ich bei der Corporate Happiness GmbH in München bei einem Workshop im Rahmen der Ausbildung zur Corporate Happiness® Botschafterin hospitieren. Corporate Happiness setzt sich für mehr Glück im Leben ein. Dieses Unternehmen trägt zur Potenzialentfaltung von Menschen und Unternehmen bei und ist seit Jahren sehr erfolgreich unterwegs. Ich selbst arbeite in der Personalentwicklung und habe nach Jahren doch noch beschlossen, meinen Master zu machen. Also studiere ich berufsbegleitend Personal- und Organisationsentwicklung.

An diesem wundervollen Tag war ich von wirklich tollen Menschen umgeben. Ich befand mich also in einem vertrauensvollen geschützten Rahmen. Es wurde viel gelacht und ich glaube, das letzte Mal habe ich vor der Coronakrise so viele Menschen umarmt, wobei *viele* eher relativ ist, da wir eine kleine Gruppe waren. Schon die angemieteten Räumlichkeiten waren sehr gemütlich. Ich saß bequem auf einer Schaukel und nutzte die Schweigekabine, um fünf Minuten lang zu meditieren. Ich genoss die Stille und in mir breitete sich ein stiller Raum aus. Essen und Getränke: einfach lecker. Die Menschen: wirklich toll. Der Trainer: wunderbar. Das Unternehmen: beeindruckend. Es wurde ein Überblick über die Wachstumsfelder der Positiven Psychologie, die eine Wissenschaft ist, gegeben: Haltung, Bedeutsamkeit / Sinn, Stärken, Emotionen (Bedürfnisse), Energiemanagement (es ist wichtig, einen vollen Akku zu haben) sowie Partnerschaft(en) (Kommunikation, vor allem mit sich selbst: Selbstliebe). Bezugnehmend auf die Emotionen: Trauer ist beispielsweise da, um Sinn zu finden sowie eine Perspektive zu gewinnen. Und wie wichtig ist es auch, Distanz zu den Emotionen anderer zu gewinnen?

Wie oft im Leben schauen wir auf das, was nicht so gut läuft? Sollten wir nicht viel öfter auf das schauen, was eben schon *gut* läuft? Natürlich ist es viel einfacher zu sagen: »Toll, grüne Welle, und dann kam die rote Ampel.« Wäre es nicht viel schöner zu sagen: »Sooo viele grüne Ampeln (die eine rote, was ist das schon?)!« Also: Was läuft eigentlich *gut*? Was ist *da*? Außerdem: Es schadet nicht, die Dinge leicht zu nehmen, positive Emotionen wie Freude in sein Leben zu lassen sowie mehr Selbstfürsorge und Selbstliebe zu betreiben. Ich erfuhr, dass es zwei Dinge gibt, die Menschen wollen: Erfolg und Glück, wobei glückliche Menschen erfolgreicher (kreativer, gesünder, verbundener et cetera) sind und nicht erfolgreiche Menschen glücklicher.

Die Corporate Happiness GmbH will durch die mehrmonatige Ausbildung, die abwechselnd aus Präsenz-Workshops und virtuellen Sessions besteht, einen nachhaltigen Effekt herbeiführen. Um eine gewisse Nachhaltigkeit zu erzielen, ist eine gewisse Kontinuität beziehungsweise Regelmäßigkeit wichtig. Letztlich geht es darum, seinen eigenen Weg zu gehen. Wohin führt mich *mein* Kompass? Auch wenn ich es öfter in diesem Buch erwähne: »Schau nicht, was andere tun, sondern geh deinen eigenen Weg.« Das hat mir bereits mein Grundschullehrer in mein Poesiealbum geschrieben. Darum geht es letztlich. In *meinem* Leben geht es um *mich*. Aufs und Abs gehören zum Leben dazu. Darauf gehe ich intensiv in meiner Erzählung *Das Gespräch am Strand. Eine Erzählung über die Selbstliebe*, die Ende Juni 2021 veröffentlicht wurde, ein.

Im Workshop zitierte der Trainer dessen Freund: Auch der Puls geht auf und ab – was ja gut ist, denn daran ist eine Entwicklung erkennbar. Das Auf und Ab signalisiert, dass ich lebe. Andernfalls wäre ich tot. Das wäre schade. Positives ohne Negatives gäbe es ja gar nicht. Stärken kommen in Momenten, in denen es nicht so läuft, in denen man sich am meisten entwickeln kann. Morgen ist besser als heute – das könnte eine gute Einstellung sein. Die Zufriedenheit im Leben kann steigen. Wenn es bergauf geht, gewinnt man auch an Sicherheit, um mit Tiefs umzugehen. Letztlich geht es bei dieser Ausbildung um die Beschäftigung mit sich selbst. Ich gehe als Vorbild voran und kann dann auch meine Mitmenschen anstecken.

Folgender Spruch wurde in der Präsentation eingeblendet:»If you don't like something, change it. If you can't change it, change your attitude. Don't complain.« – Maya Angelou

Letztlich ist es ja auch so: Jeder ist seines Glückes Schmied. Ich erhielt sogar ein Armband, auf dem steht:»NICHT BEKLAGEN NEUES WAGEN«. Wenn man sich beklagt, zieht man das Armband auf das andere Handgelenk. Wie oft beklagt man sich im Leben, beschwert sich unnötig? Mensch, es geht doch auch anders!

Das Gehirn lernt durch Erfahrungen. Es ist wichtig, sich bewusst darüber zu sein, was man seinem Körper beziehungsweise seinem Kopf eigentlich zuführt. Ist es etwas Gesundes? Etwas Ungesundes? Folgendes Gebet dürfte nur allzu bekannt sein:»Gott, gib mir die Gelassenheit, Dinge hinzunehmen, die ich nicht ändern kann, den Mut, Dinge zu ändern, die ich ändern kann, und die Weisheit, das eine vom anderen zu unterscheiden.« Und manchmal werden Dinge erst schlimmer, ehe sie besser werden. Das habe ich nicht zum ersten Mal gehört und da ist definitiv etwas Wahres dran.

Folgende Fähigkeiten kann man in dieser Ausbildung erwerben: Resilienz, Authentizität und Gelassenheit. Eine Sache habe ich zum wiederholten Mal gelernt: Alles, was wir selber machen, schätzen wir mehr wert.

Folgendes ist der Corporate Happiness GmbH auf jeden Fall gelungen: Einladen, Ermutigen und Inspirieren.

Vielen lieben Dank, liebes Team der Corporate Happiness GmbH, dass ich bei euch hospitieren durfte. Das war ein wirklich sehr bereichernder Tag!

Zufriedenheit auf dem Land

Im August und September 2016 war ich in der Schweiz und habe Familien bei ihrer alltäglichen Arbeit unterstützt. Ich habe Freiwilligenarbeit auf Biobergbauernhöfen geleistet und bin mit den Familien ins Gespräch gekommen. Ich bin zur Ruhe gekommen und habe das Leben in der Schweiz genossen.

Auf dem ersten Bauernhof habe ich gleich am Anfang die Bauern bei Arbeiten auf dem Land unterstützt. Irgendwann war ich sehr durstig und brauchte Wasser. Zum Trinken habe ich mir weiter oben von einem Brunnen Wasser geholt. Ich habe das Wasser mit der Hand in meinen Mund geschöpft. Kalt und absolut erfrischend. Das tat gut! Ich bin mit dem Landwirt und später auch seiner Frau ins Gespräch gekommen. Dieses Wasser war frisches Quellwasser aus den Bergen.

Die Arbeit war hart und ich brauchte eine Pause. Am Stand der Sonne und am Hungergefühl war abzumessen, dass es bald Mittagessen gibt. Die Sonne stand fast senkrecht am Himmel.

Der Bauernhof befand sich im Kanton Uri, in der Urschweiz. Ganz in der Nähe war ein Bergsee, in dem ich mutterseelenalleine badete. Es war ein unglaubliches Gefühl. Stichpunktartig notierte ich meine Erlebnisse:

- Türkis-smaragdgrünes Wasser
- Felswände
- Schilf
- Malerische Buchten
- Satte, grüne Landschaft
- Dunkle Bergwälder / dunkelgrüne Wälder
- Umgeben von gigantischen Bergen / gigantischem Gestein

- Helles Grün der Wiesen
- Hügelige, grüne Landschaft – wie im Märchen
- Kühe mit ihren Kuhglocken
- Tolle, blumengeschmückte Holzhäuser

Es war so erfrischend und ich war die Einzige im Wasser. In diesem Moment war ich sehr glücklich!

Rafael (das ist jetzt sein echter Name), der Landwirt, meinte, dass das Leben eines Landwirts kein Luxus sei – wobei die Natur der Luxus ist, habe ich gesagt – und man wird auch nie so viel Geld verdienen, um Luxus zu haben. Er sei sein eigener Chef, hat aber auch gesagt, dass die Natur sein Chef sei.

Man lebe hier rhythmisch – gemäß der Natur. Die Arbeit sei sehr abwechslungsreich und die Natur bestimme, wann (man draußen), was und wie man arbeite.

Die Gastgeber sind so herzlich, freundlich und zufrieden mit dem Leben auf dem Land. Ihnen gefällt das hier total! Sie arbeiten sieben Tage in der Woche, aber es ist auch unglaublich schön. Hier hat und lässt man sich Zeit. Die Schweizer Landwirte werden vom Staat unterstützt.

Die Landschaft hier ist atemberaubend, ich spüre die Intensität so sehr. Hier kam ich voll zur Ruhe. Die Schweiz ist ein Land mit vielen Seen und Wäldern, wo man seine Ruhe hat, abgeschieden ist und das Ländliche und Bäuerliche beheimatet sind. In Uri ist das Ursprüngliche, Echte, Bodenständige und Stetige.

Ich habe auch eine Wanderung gemacht und mehrmals innegehalten: Ich habe mich auf eine Bank gelegt, das Wasserplätschern eines Wasserfalls / Bachs und das Zwitschern der Vögel genossen. Und ich habe mal wieder gelernt, was für ein kleines Wesen der

Mensch im Vergleich zu einem standhaften und großen Baum ist. So lernt man Demut.

Wieder ein Glücksgefühl: Der Duft von frisch gemähtem Gras und der Anblick der satten, saftig grünen Wiesen haben es ausgelöst.

Ich habe im Stroh geschlafen und der Gockel hat mich aufgeweckt. Ich habe mal die Uhrzeit vergessen und nach der Natur gelebt, meiner wahren Natur.

Einige Monate später habe ich den beiden Landwirten, die einen Bergbauernhof mit biologischer Bewirtschaftungsart betreiben, einige Fragen geschrieben. Bei den Antworten war etwas Dialekt dabei, ich habe sie ins Hochdeutsche übertragen und auch bei der Zeichensetzung minimale Änderungen vorgenommen:

Fragen

Könnt ihr das Leben auf dem Land beschreiben?

Das Leben auf dem Land ist weniger hektisch als in der Stadt, ruhiger, stärker verbunden mit der Natur und den Tieren; das Wetter, der Schnee, all das beeinflusst unseren Alltag viel stärker als in der Stadt, wir dürfen und müssen uns in unserer Arbeit danach richten.

Seid ihr zufrieden damit?

Ja, sehr, wir könnten uns ein anderes Leben kaum vorstellen.

Warum / Inwieweit seid ihr zufrieden?

Wir sind unser eigener Chef, obwohl ja die Natur, das Wetter und die Tiere uns vorgeben, was zu welcher Zeit bei welchem Wetter zu tun ist. Wir können uns auch die Freiheit nehmen, mal innezuhalten, den Blick über die Berge, den See, die Wälder und Blumenwiesen schweifen zu lassen. Zudem ist das Arbeiten mit den Tieren sehr befriedigend, sie geben einem sehr viel zurück, und danken für die Liebe, die wir ihnen entgegenbringen.

Ist das, was ihr macht, genau das, was ihr wollt? Seid ihr zufrieden damit?

Ja, wir haben unseren Lebenssinn in der ökologischen, tierfreundlichen Landwirtschaft gefunden, wir wünschen uns nichts anderes.

Was sind eure Tätigkeiten?

Biolandwirtschaft im Berggebiet mit Mutterkuhhaltung, Direktvermarktung des Fleisches und das Angebot von Übernachtungen im Strohlager auf unserem Hof.

Wie ist euer Tagesablauf?

Der ist abhängig von der Jahreszeit, von unserem Junior und dem Wetter.

Im Winter beginnt der Tag mit dem Versorgen der Tiere. Danach wird je nach Wetter unterschiedlichen Arbeiten nachgegangen; erst am Abend, wenn wieder das Füttern der Tiere ansteht, haben wir wieder einen vorgegebenen Ablauf, dazwischen sind wir wirklich frei.

Im Frühjahr und Herbst beginnt der Arbeitstag mit dem Kontrollieren der Tiere auf den verschiedenen Weiden und endet abends auch wieder mit der gleichen Arbeit. Dazwischen wird getan, [was getan werden muss; Anm. d. Verf.] je nach Wetter; im Frühjahr heißt es Zäune erneuern, Waldränder säubern, im Herbst bei gutem Wetter noch die letzten Wiesen mähen, Zäune entfernen und so weiter.

Bei schönem Wetter im Sommer beginnt der Arbeitstag bei Sonnenaufgang mit dem Mähen der Wiesen, oft haben wir danach für unsere Gäste Frühstück herzurichten, was oft auch Beatrice [Ehefrau; Anm. d. Verf.] alleine übernimmt, damit ich auf den Wiesen weiterarbeiten kann. Die Nachmittage sind dann meist mit dem Einbringen des Heus ausgefüllt, teilweise dauert dies, bis es abends wieder dunkel wird, ansonsten wird auch abends wieder gemäht. Bei schlechtem Wetter sind wir dann im Sommer flexibler, die Kühe und Kälber verbringen ja den Sommer auf der Alp. Dann können wir auch mal ein bisschen entspannen.

Wie geht es euch mit dem Gedanken, dass andere Urlaub haben und dort verreisen?
Wir empfinden unser glückliches Leben mit und in der Natur als Ganzjahresurlaub. ;-)
Wir sind da zu Hause, wo andere Urlaub machen.

Wie oft wart ihr innerhalb der letzten fünf Jahre erkältet?
Ich bin im Winter meist ein- bis zweimal eine Zeit lang erkältet, selten jedoch bin ich nicht fit genug zum Arbeiten. Beatrice ist seltener krank.

Habt ihr das Gefühl, ihr seid gesünder als Menschen, die beispielsweise im Büro arbeiten?
Sich gesund fühlen, das hat viel mit der Lebenseinstellung zu tun; es gibt Menschen, die sind nicht wirklich gesund, fühlen sich jedoch gesund; andere sind gesund, fühlen sich jedoch krank; deshalb ist es sehr schwierig, darüber zu urteilen.
Aber ich denke, dass wir ein Stück weit bestimmt abgehärteter sind, da wir sehr viel an der frischen Luft arbeiten.

Falls ja: Woran liegt das eurer Meinung nach?

Wir sind sehr viel in der freien Natur und allgemein glücklich. Ich denke, wenn man eine positive Lebenseinstellung hat, ist man auch weniger anfällig für Krankheiten.

Seid ihr mit eurer finanziellen Lage zufrieden?

Zu mehr finanziellen Mitteln würden wir sicher nicht nein sagen, aber für uns reicht es. Wir sind zufrieden, können leben davon und auch die nötigen Investitionen im Betrieb tätigen.

Inwieweit spielen materielle Dinge bei euch eine Rolle?

Sie bringen unter Umständen Geld: Eine Kuh gibt ein Kalb, welches Geld bringt, mehrere Kühe geben mehrere Kälber, welche mehr Geld bringen. Deshalb spielen materielle Dinge halt schon eine gewisse Rolle. Wir haben ja auch unsere Steuern, Abgaben, Einkäufe und all die anderen Kosten, die ein Betrieb mit sich bringt, zu begleichen.

Seid ihr mit euch und eurer Person zufrieden?

Rafael: Auch ich bin ein Mensch mit Ecken und Kanten, habe meine positiven und negativen Seiten, aber grundsätzlich glaube ich, kann ich mit mir zufrieden sein.

Beatrice: Ich habe im Verlauf der Zeit gelernt, mit mir zufrieden zu sein. Jeder Mensch ist einzigartig und sollte stolz auf sich sein, so, wie er ist.

Habt ihr Zeit für eine Freizeitbeschäftigung / Freizeitbeschäftigungen?

Da wir sehr viele unterschiedliche Arbeiten zu verrichten haben, verschwimmen Lieblingsarbeiten und Freizeitbeschäftigung oftmals. Ansonsten haben wir gelegentlich freie Zeit, aber meist nicht so lange, dass wir uns dafür noch eine Beschäftigung suchen müssten…

Was macht eurer Meinung nach ein zufriedenes Leben aus?

Das Wichtigste für ein zufriedenes Leben ist die innere Zufriedenheit, die Zufriedenheit mit sich selbst, mit seiner Arbeit, [mit seiner; Anm. d. Verf.] Umgebung und vor allem auch die Ansprüche, die man stellt, um sich zufrieden zu finden[, sind entscheidend; Anm. d. Verf.]. Sind das Glück, Liebe, die Natur, oder macht es mich erst glücklich, wenn ich Multimillionär bin?

Lebt ihr nach dem Rhythmus / gemäß der Natur?

Ja, die Natur gibt uns den Lebens- und Arbeitsrhythmus vor. Ist ein Tier krank, muss es umsorgt werden; schneit es, werden Arbeiten im Haus oder der Werkstatt bevorzugt; ist es im Sommer sonnig, wird gemäht und geheut und so weiter und so fort.

Seid ihr zufrieden mit dem Leben auf dem Land / in der Natur?

Ja, es ist genau das, was unser Leben erfüllt, und wir sind stolz, dass wir unsere Lebenseinstellung mit der Natur unserem Sohn weitergeben dürfen. [Mittlerweile haben die beiden zwei Kinder; Stand: Januar 2021.]

Inwieweit habt ihr Stress beziehungsweise inwieweit spielt Zeit eine Rolle bei euch?

Die Tage haben meist zu wenig Stunden, Arbeit hat es immer mehr als genug, aber damit lernt man umzugehen. Richtigen Stress gibt es im Sommer beim Heuen, wenn ein Gewitter im Anzug ist, da will man noch möglichst viel trockenes Futter einbringen. Die Zeit spielt bei uns schon auch eine gewisse Rolle, da wir ja nicht abgeschottet leben, sondern uns den Gästen, Kunden, Partnern anpassen müssen. Wir haben jedoch auch da mehr Freiheiten als viele »gewöhnliche Arbeitnehmer«.

Beeindruckend. Es ist zu beobachten, dass in den Städten mehr Hektik herrscht und auf dem Land mehr Ruhe. Meiner Meinung nach ist es auch leichter, vom Land in die Stadt zu ziehen als andersherum. In der Stadt ist man es ja gewohnt, viele Möglichkeiten zu haben und darauf möchte man vermutlich nicht verzichten, weswegen viele Städter in der Stadt bleiben. Dass es Menschen gibt, die vom Stadtleben irgendwann die Schnauze voll haben, versteht sich von selbst. Ich kenne viele Ländler, die mittlerweile in die Großstadt gezogen sind, aber wenige Städter, die auf das Land gezogen sind oder ziehen wollen. Meiner Ansicht nach ist das Leben auf dem Land auch weniger durchgetaktet und man lebt mehr nach dem Rhythmus, wohingegen man in der Stadt ruheloser ist. Es ist – denke ich – auch wahrscheinlicher, dass Menschen, die auf dem Land aufgewachsen sind, eher auf dem Land bleiben und sich dort ein Leben aufbauen. Es gibt heutzutage noch einige Familien, die auf dem Land ein Haus bauen, um mehr von der Natur umgeben zu sein und auch, um ihren Kindern in der heutigen, sehr stressreichen Zeit ein ruhiges Aufwachsen zu ermöglichen.

Ich möchte keinesfalls sagen, dass das Leben auf dem Land besser ist als in der Stadt; das muss selbstverständlich jeder subjektiv für sich entscheiden. Jeder Mensch unterscheidet sich ja von seinen Mitmenschen und während sich die einen mehr auf dem Land wohlfühlen, fühlen sich die anderen eher zur Stadt oder Großstadt hingezogen. In einer leistungs- und karriereorientierten Gesellschaft macht es für karrierebewusste Menschen natürlich wenig Sinn, auf das Land zu ziehen, wo man weniger Möglichkeiten hat. Ich habe mich mit einer Frau unterhalten, die zwei Jahre lang in Amerika und vier Jahre lang in Barcelona gelebt hat. Sie spielte auch mit der Überlegung, sich eine Reiseauszeit zu nehmen, da es ihr in Wien, wo sie zum Zeitpunkt unseres Gesprächs seit ungefähr zwei Jahren gearbeitet hatte, nicht mehr gefiel.

Viele Menschen heutzutage sind getrieben, neidisch auf andere, denen es scheinbar besser geht, und wollen besser sein als andere. Aber anstatt darauf zu sehen, was andere haben und man selbst nicht, sollte man sich mehr auf sich selbst fixieren und immer wieder durch den Kopf gehen lassen, was an einem selbst toll ist. Meiner Meinung nach ist das eine Kunst, auf die sich die wenigsten Menschen verstehen.

Manchmal ertappe auch ich mich dabei, wie ich andere bewundere für das, was sie gemacht haben. Dann denke ich immer wieder darüber nach, auf was ich an mir selbst stolz bin. Ich bin auch nur ein stinknormaler Mensch. Sind wir das nicht alle? Den Neid gilt es zu relativieren. Wenn man neidisch auf jemanden ist, sollte man sich für diese Person freuen, das schwächt den Neid ab und macht einen selbst glücklich. Viele Menschen hält man ohnehin für glücklicher, als sie tatsächlich sind.

Auch an dieser Stelle: Liebe Beatrice, lieber Rafael: Herzlichen Dank, dass ich euch bei eurer Arbeit eine Woche lang begleiten durfte! Es war sehr erfüllend! Danke auch, dass ihr im Nachgang meine Fragen beantwortet habt!

Zufriedenheit im Alter

Die große deutsche Versicherungsgruppe Generali Deutschland AG hat 2017 eine Altersstudie herausgegeben, die *Generali Altersstudie 2017 – Wie ältere Menschen in Deutschland denken und leben*. Laut dieser Studie ist das Alter weitaus positiver als viele denken, so heißt es dort auf Seite 10 f.:

»Die Generation der heute 65- bis 85-Jährigen zeichnet ein positives Lebensgefühl und eine hohe Lebenszufriedenheit aus. (…) Der Grad der Lebenszufriedenheit ist eng verknüpft mit dem Gesundheitszustand und der eigenen wirtschaftlichen Lage. So sind 65- bis 85-Jährige mit niedrigem Haushaltseinkommen deutlich unzufriedener mit dem eigenen Leben als Personen mit hohem Haushaltseinkommen. (…) Noch deutlicher fallen die Unterschiede zwischen Älteren mit gutem und schlechtem Gesundheitszustand aus (…). Keine andere Personengruppe ist mit dem eigenen Leben so unzufrieden wie Ältere mit schlechtem Gesundheitszustand. Überdurchschnittlich zufrieden mit dem eigenen Leben sind diejenigen, die noch beruflich aktiv sind oder sich ehrenamtlich engagieren (…).«

Die Ärztin für Öffentliches Gesundheitswesen Prof. Dr. med. Elisabeth Pott schreibt auf S. 170 der *Generali Altersstudie 2017* in ihrem Artikel *Lebenserwartung und Lebensgefühl älterer Menschen in Deutschland*:

»Die Menschen in Deutschland werden immer älter. Die Lebenserwartung bei Geburt liegt in Deutschland aktuell bei 78,2 Jahren für Männer und bei 83,1 Jahren für Frauen (Statistisches Bundesamt, Pressemitteilung vom 4.3.2016). (…) Die Generali Altersstudie 2017 (GAS 2017) zeigt, dass es in Deutschland der überwiegenden Zahl der Menschen im Alter von 65 bis 85 Jahren gutgeht, dass sie zufrieden sind, sich subjektiv gesund fühlen, viel unternehmen und optimistisch in die Zukunft blicken. 40 Prozent der 65- bis 85-Jährigen bewerten ihren Gesundheitszustand uneingeschränkt positiv.«

Am 29. April 2017 habe ich mit einem 105 Jahre alten Mann ein Gespräch geführt. Mein Bekannter war eine sehr beeindruckende Persönlichkeit, dem es geistig noch hervorragend ging und der ein durchaus zufriedener Mensch war. Leider ist dieser beeindruckende Mann keine zwei Monate nach seinem 105. Geburtstag am 15. Juni 2017 in seinem Haus gestorben. Ich habe das Gespräch sprachlich und grammatikalisch überarbeitet, damit es sich einfacher liest. Aus Anonymitätsgründen verzichte ich auf den Namen meines Bekannten, er wünschte dies so.

Ich: Bist du zufrieden?
  Mein Bekannter: Ja.
Warum?
  Weiß ich nicht. Geht mir gut, ich werde versorgt von allen möglichen Leuten, so zum Beispiel von der Caritas.
Aha, und da kommt dann einmal in der Woche –
  Die kommt, wenn sie gebraucht wird.
Ok.
  Normalerweise versorgt mich hier unsere Nachbarin. Unentgeltlich und so.
Wie zufrieden bist du denn mit deinem körperlichen Gesundheitszustand?
  Nein.
Nicht zufrieden.
  Nein.
Du bist halt einfach schon 105 Jahre alt.
  Ja, ich kann seit vielleicht 100 [gemeint ist: seit ich 100 Jahre alt

bin; Anm. d. Verf.] – na sagen wir [seit] zwei Jahren [mich] nicht mehr richtig (...) bewegen. Da brauche ich hier den Stuhl.

Den Rollator.

Ja.

Und mit deiner seelischen Verfassung?

Naja, ich habe eine Seele, ja.

Zufrieden? Geht es dir gut?

Jaja. Sonst fühle ich mich wohl dabei. Umsorgt.

Du warst ja Diplom-Kaufmann.

Ja.

Als was hast du genau gearbeitet?

Ich war Steuerberater.

Und das war auch eine schöne Tätigkeit?

War insofern schön, als ich die halbe Arbeitszeit gesessen [bin] am Schreibtisch und die halbe Zeit herumgelaufen bin, entweder zu den Kunden oder zum Finanzamt und so. Und das war insofern gut, als dadurch der Kerl [er selbst; Anm. d. Verf.] nicht eingeschlafen ist.

Also man ist nicht nur gesessen?

Jaja, körperlich war immer Bewegung drin und das war sehr wichtig.

Also gesund auch für den Körper.

Ja.

Gut. Ja, wie sieht es mit deiner finanziellen Lage aus? Bist du zufrieden [damit]?

Jaja, durchaus.

Genügsam. In so einem Alter braucht man nicht mehr viel.

Jaja. Ich habe ja meine Rentenversicherung und nicht viele Ausgaben. Dadurch, dass das Haus ja mir gehört und ich sogar noch eine Etage oben vermietet habe (...) – ich komme schon zurecht.

Wie sieht denn dein Tagesablauf aus? Wie sehen deine Tage so aus? Na, also ich stehe morgens auf, sodass ich um acht oder halb neun frühstücken kann. Dann ist entweder meine Nachbarin hier oder von der Caritas irgendjemand, wenn sie mal nicht Zeit hat – berufstätig ist sie ja. Na und dann setze ich mich hier in meinen schönen Lehnstuhl und, wenn es gut geht, schlafe ich nochmal ein. Naja, und um zwölf etwa, da erscheint irgendjemand, der mir mein Mittagessen fertig macht, das hat mir mein Schwiegersohn oder mein Sohn vorbereitet im Kühlschrank, sodass es nur aufgewärmt werden muss. Und das ist zufriedenstellend. Ich habe ja immer vorher schon gesagt, was ich essen will ungefähr. Also wenn es irgendwas gibt, was mir so gar nicht sympathisch ist, da sage ich dann: »Nein, das lassen wir lieber.« Da ist der Freitag drin mit so irgendeinem Fischgericht von der Firma (…) und naja, das machen die [mir dann] zurecht, das wird schnell gefuttert. Naja und dann anschließend sitze ich wieder hier [am] Nachmittag, mit meinem Fernseher schon eventuell und so, naja.

Und dann Abendessen.

Sodass ich also geistig nicht verkümmere.

Das ist wichtig, ja.

Ja, natürlich, ja. Gibt ja alte Leute, (…) denen es schwerfällt, aufzustehen, die Tür aufzumachen. Also das ist noch nicht bei mir [der Fall; Anm. d. Verf.]. Ja, wie gesagt, ja, von oben her wird mir viel geholfen.

Super, du hast auf jeden Fall Unterstützung, [Menschen,] die dir helfen, wenn du Hilfe brauchst.

Ja, so ist es.

Gibt es denn noch irgendwelche Hobbies, die du hast?

Lesen.

Was liest du für Bücher? So politische?

Hauptsächlich Bücher oder sowas.

[Mein Bekannter reicht mir ein Buch und ich schaue es durch. Er hat auch ein Buch über Berlin neben sich liegen, er kommt nämlich von dort.]

Das sind die letzten hundert Jahre, die ich selbst miterlebt habe.

Ja Wahnsinn. Da bist du ja auf die Welt gekommen, da ist die Titanic untergegangen, hast beide Weltkriege miterlebt, verschiedene Päpste und Bundeskanzler.

Ja, den ersten habe ich ja weniger miterlebt. Ich habe ihn miterhungert. Ja wir hatten doch auch nichts. Nicht mal eine gute Tasse Kaffee. Da hat meine Mutter Gerste gehabt und die hat sie dann geröstet in der Bratpfanne. Und naja, dann haben wir den getrunken. Schmeckt herrlich, wunderbar.

Ja, an sowas erinnert man sich dann zurück, nicht?

Ja.

Ich sehe hier auch noch ein Bild von der [...; aus Datenschutzgründen wird der Name der Ehefrau, die bereits verstorben ist, weggelassen; Anm. d. Verf.] – wie lange wart ihr verheiratet?

56 Jahre, glaube ich. Schöne lange Zeit.

Das erlebt man selten, vor allem in der heutigen Zeit. Und dann gibt es da noch ein Ehepaar, das so lange und gesund auch oder geistig fit noch zusammen war.

Ich freue mich vor allen Dingen, dass meine Kinder sich so um mich kümmern. Eigentlich ist immer jemand hier.

Aber das ist ja auch total wichtig, das hält [dich] ja auch gesund, wenn dann viele Menschen kommen und dich besuchen. [Der alte Mann hat Kinder und Enkelkinder, keine Urenkelkinder.] Ja, also die Beziehung zu deinen Kindern, zu deiner Familie ist auch gut, wenn sie sich um dich kümmern?

Ja, machen sie, ja.

Machst du viel mit Freunden, Verwandten, Bekannten? Vergleichsweise ja schon, nicht? Wenn sie dich besuchen kommen.

Ich habe noch zwei Bundesbrüder, mit denen ich ständig tele-
fonisch Kontakt habe oder der [eine] kommt hierher.

Und mit deiner Nachbarin verstehst du dich auch gut? Funktioniert?

Ja, ist ja eine Berlinerin, muss man sich ja gut verstehen.

Da hast du ja dann viele Personen – Menschen – die dich unterstützen. [Deine] Nachbarin.

Naja, naja. Sonntags bin ich bei meinem Nachbarn hier nachmittags zum Kaffeetrinken. Naja, [da] verbringen wir dann drei
Stunden etwa. Und so vergeht der Tag.

[Sonst ist mein Bekannter nicht mehr sonderlich engagiert, außer,
dass er im Waffenring ist.]

[Als mein Bekannter 105 Jahre alt wurde, stand auch ein Arkel in
der Zeitung, den er mir zeigt.]

Würdest du auch sagen, dass du bisher – wenn du auf dein bisheri-
ges Leben zurückblickst, kannst du sagen, dass du ein zufriedenes
Leben hattest?

Ja, ja, ja, durchaus. Einschließlich Krieg. [Berichtet auch, dass er
sich mit seiner bereits verstorbenen Ehefrau auch mal gestritten
hat, aber zufrieden mit Ehe und Ehefrau war.]

Ja, das ist ganz normal. Und so, mit deiner Person auch zufrieden?

Ja.

Du bist jetzt 105 [Jahre alt] – hat man in so einem Alter auch noch
Glücksmomente? Also es gibt ja einen Unterschied zwischen Zufriedenheit und Glück. Zufriedenheit ist ja so etwas länger Andauerndes
und Glück eher so im Moment, zum Beispiel: Ich genieße jetzt die
Sonnenstrahlen oder ich höre die Vögel zwitschern. Hast du noch
so Glücksmomente?

Jaja, natürlich. Natürlich freue ich mich darüber, wenn ich morgens beim Frühstück sitze nebenan und zum Fenster [hinaussehe] und die Sonne scheint und herrlich – alles ist golden. Die Vögel, die hüpfen von Baum zu Baum. Ist schon was Schönes.
Was macht denn deiner Meinung nach ein zufriedenes, (...) glückliches Leben aus?
Na erstmal, dass man mich arbeitsmäßig in Ruhe lässt.
Also nicht so viel Stress und Hektik.
Jaja. Also ich werde ja richtig verwöhnt hier von meinen Leuten. Ich [schaue] vom Balkon hier raus auf meinen Garten. [Es gibt ein Insektenhotel im Garten.]
Und ganz allgemein, also wenn man so auf die ganze Lebensspanne sieht, was macht da so ein zufriedenes Leben aus? Also du hast jetzt schon [die Arbeit] erwähnt. Ist es auch, dass man Freizeitbeschäftigungen hat? Dass man einen Partner hat?
Jaja. Bis vor ein paar Jahren habe ich ja noch für die [Zeitung] und den [Zeitung] geschrieben.
Mit über 90 [Jahren] noch.
Ja. Fotografiert und geschrieben. War ganz hübsch. Mit denen habe ich auch guten Kontakt nach wie vor.
Warum bist du zufrieden, glücklich und gesund?
Weil ich wenig neidisch bin auf andere, denen es besser geht.
Sehr wichtiger Punkt.
Gibt ja Leute, die sagen: »So ist mein Haus, meine Frau, mein Schiff.« – Das habe ich nicht. Mein Haus – kann ich sagen – das ist schön, ja. Mein Baum, den ich gepflanzt habe, der blüht. Mein Buch, das ich geschrieben habe, lesen die Kinder. Naja. Mehr will man ja nicht.
Es ist ja wichtig, dass man was zu essen hat, zu trinken, Sicherheit.
[Mein Bekannter hat ja nicht mehr den Körper eines Zwanzig- oder

Dreißigjährigen.] Fühlst du dich auch gesund noch, vergleichsweise?

Naja, ich bin neulich mal aus dem Bett gefallen.

Und woran, denkst du, liegt es, dass du 105 Jahre alt werden durftest, woran liegt das? Ich meine, viele, die sterben mit 70, 80 [Jahren]. Also du bist ja überdurchschnittlich alt.

Mein Vater ist zeitig gestorben. Mein Großvater ist gestorben, als mein Vater neun Jahre alt war. Da ging es den Leuten natürlich schlecht. Da gab es noch keine Sozialversicherung oder so etwas. Naja. Also insofern, es geht uns sehr gut.

Die Zeiten haben sich geändert.

Wollen wir nicht hoffen, dass es wieder schlechter wird.

[Zum Schluss hat der alte Mann gesagt, dass er jeden Abend vor dem zu Bett gehen ein Schnäpschen trinkt, das halte jung.]

Überaus beeindruckend! Aber was sind die zentralen Punkte, die aus dem Gespräch hervorgehen? Beginnen wir mit den ersten Fragen und Antworten: Familie und Freunde machen zufrieden: Mein Bekannter wurde von ihm vertrauten Menschen versorgt und verbrachte seine Sonntagnachmittage bei einem Bekannten, um einen Kaffee zu sich zu nehmen. Darüber hinaus hielten er und seine Kinder engen Kontakt, die sich oft um ihn kümmerten. Das sagte er mit folgendem Satz: »Ich freue mich vor allen Dingen, dass meine Kinder sich so um mich kümmern. Eigentlich ist immer jemand hier.« Für die Lebenszufriedenheit meines Bekannten spielten dessen Familie und Bekannte wiederum eine große und entscheidende Rolle. Kurz und gut: Damit man zufrieden ist, braucht es Familie und Freunde. Aus Erfahrung weiß man: Bei vertrauten Menschen fühlt man sich aufgehoben, geborgen und erhält viel Unterstützung, sofern das Verhältnis ein einigermaßen gesundes ist, so meine These.

Grundsätzlich machen Freunde zufrieden. Mittlerweile ist darüber hinaus aber sogar belegt, dass intelligente Menschen mit weniger Freunden zufrieden sind, dies zeigt eine Studie der beiden Evolutionspsychologen Satoshi Kanazawa (London School of Economics and Political Science) und Norman P. Li (Singapore Management University).[9]

Weiter betonte mein Bekannter, dass es wichtig für ihn sei, arbeitsmäßig seine Ruhe zu haben. Mal ehrlich: Heutzutage muss man fast ständig erreichbar sein und hat teilweise selbst nicht einmal mehr privat die Gelegenheit, um zur Ruhe zu kommen. Privatleben ist Privatleben. Arbeitsleben ist Arbeitsleben. Abschalten zu können ist sehr bedeutend für das psychische Wohlbefinden. Ich bin überzeugt davon, dass viele wissen, wovon ich spreche.

Aus den Antworten meines Bekannten geht hervor, dass er trotz seines hohen Alters einen möglichst geregelten Tagesablauf hatte. Trotz nicht mehr allzu großer Mobilität war dieser gegeben, so kommt Struktur in den Tag. Wie wichtig es ist, einen strukturierten Tag zu haben, wurde schon 1933 in einer berühmten sozialpsychologischen Studie aufgezeigt. Ihr Titel lautet *Die Arbeitslosen von Marienthal. Ein soziographischer Versuch über die Wirkungen von langandauernder Arbeitslosigkeit.* Die österreichische Sozialpsychologin Marie Jahoda, der österreichisch-amerikanische Soziologe Paul Felix Lazarsfeld und der österreichisch-amerikanische Rechtswissenschaftler und Statistiker Hans Zeisel waren an dieser Studie beteiligt. Sie zeigte die Folgen von Arbeitslosigkeit auf und verdeutlichte, dass Langzeitarbeitslosigkeit zu Resignation führt.

1929 bis Anfang 1930 musste – bedingt durch die Weltwirtschaftskrise 1929 – die Textilfabrik in der Arbeitersiedlung Marienthal nahe Wien geschlossen werden. Die nun arbeits- und hoffnungslosen Menschen hatten keinen strukturierten Tag mehr.

Selbst bestimmte Aufgaben wurden nicht erfüllt und liegen gelassen.

Dr. phil. Rosine Schulz schreibt in ihrem Buch *Kompetenz-Engagement. Ein Weg zur Integration Arbeitsloser in die Gesellschaft*: »Neben der Kategorisierung der inneren Haltung der Erwerbslosen können auch die Ergebnisse der Studien zur Zeitstruktur, zum Selbstvertrauen, zur Identität und zum Status der Erwerbslosen hervorgehoben werden. So verlor die Mehrheit der Erwerbslosen ihr Zeitgefühl (Jahoda 1995: 46 f.), denn die freie Zeit erwies sich für die erwerbslosen Bewohner in Marienthal nicht als Gewinn, sondern eher als tragisches Geschenk. Sie wussten ihre freie Zeit nicht sinnvoll zu nutzen und glitten allmählich von ihrem geregelten Tagesablauf ins Ungebundene, ins Leere hinein. Tätigkeiten, die während der Erwerbsphase in der Freizeit durchgeführt wurden, wurden während der Zeit der erzwungenen Erwerbslosigkeit insgesamt vernachlässigt (Jahoda 1975: 83-91).«

Um gesund und zufrieden zu sein, sind Tätigkeiten und Aktivitäten während des Tages wichtig. Mein Bekannter beschäftigte sich im Laufe seines Tages mit dem Lesen von Zeitungen oder Büchern und besuchte sogar Bekannte. Aufgrund seines hohen Alters waren allzu viele Tätigkeiten nicht mehr möglich, jedoch reichten ihm diese aus, um ein zufriedenes Leben zu führen.

Ich selbst befand mich 2018 auf Reisen und manchmal stellte ich fest, wie mir wenig strukturierte Tage ein wenig zu schaffen machten. Ich sehnte mich nach mehr Struktur. Aber indem ich mir klar machte, dass dies ja kein Dauerzustand sein wird, machte das meine Situation um einiges leichter. Ich entschied mich ja bewusst für einige Wochen des Reisens und einmal setzte ich mich einfach fast den ganzen Tag in ein Café, um zu schreiben.

Materielle Dinge spielten bei meinem Bekannten eine eher untergeordnete Rolle. So sagte er: »Gibt ja Leute, die sagen: ›So ist mein Haus, meine Frau, mein Schiff.‹ – Das habe ich nicht. Mein Haus – kann ich sagen – das ist schön, ja. Mein Baum, den ich gepflanzt habe, der blüht. Mein Buch, das ich geschrieben habe, lesen die Kinder. Naja. Mehr will man ja nicht.« Stattdessen war ihm das kleine Glück wichtig: »Natürlich freue ich mich darüber, wenn ich morgens beim Frühstück sitze nebenan und zum Fenster [hinaussehe] und die Sonne scheint und herrlich – alles ist golden. Die Vögel, die hüpfen von Baum zu Baum. Ist schon was Schönes.«

So stellt sich mir folgende Frage: Sind es nicht Erlebnisse und Erfahrungen, die unser Leben erst so richtig lebenswert machen? Andererseits muss das jeder natürlich individuell für sich entscheiden.

»Schau nicht, was andere tun, sondern geh deinen eigenen Weg.« Diesen Spruch schrieb mir mein damaliger Grundschuldirektor in mein Poesiealbum. Mittlerweile kann ich das immer mehr umsetzen und es hat sehr lange gedauert. Ist es nicht so, dass man sehr oft auf das Leben der anderen schaut und darauf, wie toll und wunderbar es eigentlich ist (was ja ohnehin meist nicht stimmt)? Mein Bekannter erzählte mir, dass er wenig Neid empfinde: »Warum bist du zufrieden, glücklich und gesund?« »Weil ich wenig neidisch bin auf andere, denen es besser geht.« Tolle Aussage.

Neid empfindet man nur, wenn man will, was andere haben, was man selbst nicht hat. Durchaus wertet man sich selbst mit Neid ab. Die wichtigste Person in seinem Leben ist man ja selbst und jeder einzelne Mensch in diesem Universum ist einzigartig, da bringt Neid wenig. Leicht gesagt, jedoch sehr schwer umgesetzt. Es kann funktionieren. Immer schön optimistisch bleiben.

Keinen Neid empfinden… Wie möglich ist das? Neid ist ja letztlich ein Gefühl einer großen Gefühlspalette. Es gibt Neid, wie es Sturm und Hagel und nicht nur Sonnenschein gibt. Alles ist ja natürlich.

Die Ausmaße machen es. Man ist einzigartig und einmalig, das darf man nie vergessen!

An dieser Stelle: Danke für deine Gesprächsbereitschaft, lieber (…), ruhe in Frieden.

Zufriedenheit und Beziehungen

Eine Bekannte von mir, Laura, ist seit über zehn Jahren mit ihrem Freund zusammen und ich habe den Eindruck, sie ist sehr zufrieden in ihrer Beziehung. Mittlerweile ist sie auch verheiratet und hat ein Kind.

Heutzutage ist es nicht mehr sehr einfach, einen guten Freund für eine Liebesbeziehung zu finden, denn wir leben in einer Welt, die von fast unendlichen Möglichkeiten geprägt ist. Es ist doch so: Will oder braucht nicht eigentlich jeder eine Beziehung?

Bereits am 10. Dezember 2014 hieß es in der Mittelbayerischen Zeitung: »Immer mehr leben allein«. – »Leben. 41 Prozent sind Singlewohnungen« – »Nach Angaben des Statistischen Bundesamtes wohnte im vergangenen Jahr in 16,2 Millionen Wohnungen ausschließlich eine Person. Angesichts von 39,9 Millionen Haushalten insgesamt waren das 41 Prozent, wie die Wiesbadener Statistiker am Dienstag berichteten. Datenbasis ist die jährliche Haushaltsbefragung »Mikrozensus«. 97 Prozent der Singlewohnungen sind Hauptwohnsitze. Die Zahl der Singlewohnungen steigt seit Jahren kontinuierlich an. 2012 waren es 15,9 Millionen. Vor zehn Jahren gab es 14,4 Millionen Einpersonenhaushalte in Deutschland – das waren 37 Prozent. (dpa)« Traurig. Oder: Gewollt oder ungewollt?

Es fängt schon mit dem Online Dating an: Innerhalb kurzer Zeit sieht man sehr viele Profile und hunderte von Fotos von den unterschiedlichsten Menschen. Dadurch, dass man die Qual der Wahl hat, scheiden sehr viele Nutzer ohnehin aus – einfach, weil man selektiert. Nicht jedem gefällt es, wenn eine Person raucht oder bereits ein Kind hat. Jedenfalls begegnen einem im Netz sehr, sehr viele Profile.

So scheiden dann sehr viele Menschen gleich aus, während man sich nur noch auf einen kleinen Personenkreis festlegt und mit diesem schreibt. Und selbst dann ist es gut möglich, dass eine der beiden Personen irgendwann nicht mehr antwortet, es sich quasi verläuft. Oder man selbst möchte dann nicht mehr weiterschreiben. Schade, aber halb so schlimm, da ja viele andere Menschen auch auf diesem Portal sind.

Wenn es gut läuft, kommt es zu einem oder mehreren Treffen. Und am besten trifft man sich sogar möglichst bald! Aufgrund des Geschriebenen erfährt man ja schon das ein oder andere über die jeweilige Person, lernt sie (wenn auch nur online) kennen, entwickelt vielleicht sogar schon konkrete Vorstellungen und so weiter. Und dann kommt die Realität – das erste Treffen – ins Spiel. Schock! Ernüchterung! Oder aber: Wow! Wunderbar! Unglaublich! Manchmal überrascht die Realität einen überaus positiv.

Es ist nichts Ungewöhnliches (mehr), wenn man sagt, dass man seinen Partner im Internet kennengelernt hat; bis vor ein paar Jahren war das ein noch nicht ganz so verbreitetes Thema. Sicherlich ist es eine schöne Vorstellung, jemanden noch auf persönlichem Weg kennenzulernen. Ist es nicht das, wovon man vielleicht ein wenig träumt: Eine Zufallsbegegnung auf offener Straße? Oder Freundesfreunde? Trotzdem: Online Dating ist eine Chance.

Auch wenn man eine so große Auswahl wie nie zuvor hat, scheint es gleichzeitig schwieriger und härter denn je zu sein, einem möglichst gleichgesinnten Menschen zu begegnen. Viele verirren sich in diesem Dschungel, haben einen sexuellen Kontakt nach dem anderen und sind irgendwann ausgelaugt, weil sie ein aufregendes Erlebnis haben oder gar ihre innere Leere füllen möchten. Nach vielen Treffen stellen sie irgendwann fest, dass sie trotz allem einfach nicht glücklicher oder zufriedener sind als vorher. Stattdessen aber scheinen sie eine gewisse Melancholie oder fast noch mehr Leere zu spüren.

Andere hingegen haben eine zu hohe Erwartungshaltung. Ja, es gibt immer jemanden, der mindestens genauso schön, intelligent, erfolgreich, reich, gutaussehend, … ist. Sehnen sich denn nicht alle Menschen insgeheim nach einer tiefergehenden Bindung? Klar, manchmal kann es dauern, bis man jemanden findet. Aber manchmal geht es auch ganz schnell. Online Dating hat auch Vorteile.

Dass eine Beziehung Arbeit ist, versteht sich von selbst. Viele Ehen werden geschieden. Wenn es eine destruktive Beziehung ist, lege ich jedem nahe, diese zu beenden. Aber wirft man manchmal nicht tatsächlich zu schnell das Handtuch? Es läuft nicht immer alles Friede, Freude, Eierkuchen – nein, ganz im Gegenteil, das Leben besteht aus Höhen und Tiefen, davon ist niemand ausgeschlossen. Man muss auch lernen, mit schwierigen Situationen und Stress umzugehen, denn wenn man sich mal durchbeißt, wird man feststellen, dass es so schlimm möglicherweise gar nicht ist und man wächst sogar noch an der Herausforderung, die einen gleich noch stärker werden lässt. Aber natürlich ist jeder Mensch anders und jede Situation ist eine andere. Aber Fakt ist nun einmal, dass immer mehr Beziehungen zerbrechen. Traurig und schade zugleich.

Wir sollten unseren Fokus auf die positiven Dinge lenken. (Ich gestehe offen und ehrlich: Mir gelingt das auch nicht immer.) Viel zu oft ziehen wir uns mit dem wenigen Negativen herunter. Vieles läuft doch auch gut!

Sind wir doch mal ehrlich: Es ist eine Auslegungssache, eine Sache der Interpretation und Deutung. So kann ich sagen: »Verdammt, ich habe den Wettkampf verloren. Ich bin schlecht. Der Gegner war besser.« Oder aber ich sage: »Na und? Dann habe ich eben verloren. Es läuft nicht immer gut. Ich lerne, mit Niederlagen umzugehen, denn davon wird es noch mehr in meinem Leben geben. Das Leben hat Höhen und Tiefen. Beim nächsten Mal wird es besser. Schön, dass ich überhaupt bei diesem Wettkampf dabei bin – ich bin ein Mensch mit Zielen!« Man lernt mit Niederlagen umzugehen, eignet sich Frustrationstoleranz an und erweitert seine Kritikfähigkeit. Rückschläge lassen einen die Probleme aus anderen Blickwinkeln betrachten, zudem fühlt sich ein darauffolgender Gewinn gleich noch viel besser an und man kann ihn doppelt genießen.

Hören wir auf, uns selbst zu zermartern! Wir alle sind Menschen aus Fleisch und Blut und keine Maschinen. (Vielen Dank für dieses wunderbare Lied, Tim Bendzko!) »Errare humanum est.« Dieser Spruch stammt von Sophronius Eusebius Hieronymus. Wir dürfen irren und Fehler machen. Wir sind toll, und zwar genauso, wie wir sind, mit all unseren Fehlern und Schwächen. Wir sind nicht da, um perfekt zu sein. Wir sind da, um da zu sein.

Ganz besonders in Menschen, die sich nach außen hin *perfekt* geben – darstellen, inszenieren – schlummert etwas … ich würde sagen: Trauer. Hinter solchen Menschen stecken doch weinende Kinderseelen. Und auch das sind nur Menschen, die einfach nur geliebt werden wollen. Seien wir weniger egoistisch, lieben wir nicht nur uns selbst, sondern auch andere. Aufrichtige Liebe – die macht glücklich! Blicken wir doch mal hinter die Fassade, die wunderbar inszenierte Kulisse: Hinter so einem Vorhang steckt möglicherweise ein zutiefst hilfloser Mensch, der einfach nur Aufmerksamkeit haben möchte oder gar nach Anerkennung lechzt. Soziale Netzwerke sind nicht die wahre Welt. Portale wie *Instagram* sind doch eine Bühne der Inszenierung. Diese Menschen wirken doch nur glücklich! Aber *sind* sie es denn auch in ihrem tiefsten Inneren? Ein großes Lob an diejenigen, die zu ihren Schwächen stehen und diese auch offen zeigen!

Das Netz ist nicht die reale Welt – es ist eine Scheinwelt mit vielen Menschen, die möglicherweise nur Bestätigung brauchen, um sich gut zu fühlen. Gut möglich, dass sie ihren eigenen Selbstwert von anderen abhängig machen, was sie für ihre Identität und für ihr Wohlbefinden brauchen. Auch diese Menschen sind liebesbedürftig und liebenswert, wenn man hinter ihre Fassade blickt. Aber dieses *Dahinter* ist ja meist nicht sichtbar.

Sich mit etwas auseinanderzusetzen, kann den Blickwinkel ändern. Sehen und wahrnehmen. Das lässt einen gewisse Dinge mit ganz anderen Augen wahrnehmen...

Zufriedenheit und Authentizität

»Wenn wir zusammen sind, zählt das Gestern nicht. Die Zukunft ist offen, wir müssen sie nur leben. Ich muss nicht mehr die immer gleiche Rolle spielen, die mir einst zugewiesen wurde, mit dem banalen Skript und den ständig gleichen Sätzen. Meine neue Rolle ist frisch, und ich mag die Person, zu der ich mich entwickelt habe. (...) Die Vergangenheit war kein Thema, wir haben nicht einmal über die Zukunft gesprochen. Zum ersten Mal, seit ich ihn kenne, haben wir nur in der Gegenwart gelebt, und ich musste erstaunt feststellen, dass ich nirgendwo anders sein wollte.«[10]

»[A]uthentisch zu sein bedeutet, sich gemäß seinem ›wahren Selbst‹, d. h. seinen Gedanken, Emotionen, Bedürfnissen, Werten, Vorlieben, Überzeugungen etc. entspr[echend] auszudrücken und zu handeln (Harter, 2002). A[uthentizität] setzt Selbstkenntnis (...) voraus und zeigt sich im unverzerrten Verarbeiten selbstbezogener Informationen. Handlungen entspringen dem eigenen Selbst und werden nicht von äußeren Einflüssen bestimmt. Weiterhin schließt es ein, dieses wahre Selbst in sozialen Beziehungen offen zeigen zu wollen (Kernis; Goldman, 2006; Offenheit). A[uthentizität] schließt nicht aus, dass man sich in versch[iedenen] sozialen Rollen unterschiedlich verhält (Sheldon et al., 1997). Kontroversen bestehen darüber, ob A[uthentizität] per se ein pos[itives] Konstrukt ist oder ob auch neg[ative] und pathologische Verhaltensweisen authentisch sein können. Außerdem wird diskutiert, ob der vollst[ändige] Ausdruck inneren Erlebens überhaupt möglich ist oder an der eigenen Introspektions- (...) und sprachlichen Ausdrucksfähigkeit scheitert (Danner, 2001).«[11]

Die Diplom-Psychologin Dr. phil. Astrid Emmerich hat sich wissenschaftlich mit Authentizität beschäftigt und eine Exploration und Studien dazu durchgeführt (2013 und 2014). Auf ihrer Seite *authenticos*, Forschung zu Authentizität am Arbeitsplatz (im Netz leider nicht mehr vorhanden, daher auch kein Link), schrieb sie darüber. Ich habe die wichtigsten Aspekte herausgezogen: »Authentizität und Arbeit«, »Ergebnisse« und »Authentizität fördern«.

Ich fange mal so an: Dass die Menschen immer gestresster werden, ist nichts Neues. Der Erwartungs- und Leistungsdruck steigt immens an. So verwundert es nicht, dass immer mehr Menschen Erwartungen von außen erfüllen, die ihrem Wesen überhaupt nicht entsprechen. So verliert man sich selbst aus den Augen. Diese Problematik kann bis in die Kindheit zurückgehen beziehungsweise in der Kindheit ihren Ursprung haben. So setzen sich Menschen Masken auf, um in der Gesellschaft bestehen zu können. Tief in ihrem Inneren – und wie wunderbar wäre es, wenn diese Menschen mehr Zugang zu ihrem Inneren und ihren Gefühlen hätten und darauf vertrauen würden (Stichwort: Bauchgefühl / Intuition) – sind sie aber jemand anders. Ich stelle fest, dass viele Menschen sich Masken aufgesetzt haben und sich gemäß ihrer Fassade verhalten, vielleicht sogar denken, sie sind ihre Maske, da sie diese schon jahrelang tragen. Ich behaupte, dass ebendiese Menschen sich nicht authentisch verhalten und nicht sie selbst sind. Die Konsequenzen sind fatal: Die Menschen erkranken beziehungsweise sind krank. Psychisch. Und auch körperlich.

Emmerich schreibt: »Zahlreiche Gesundheitsbefragungen generieren das immer gleiche Ergebnis: Menschen fühlen sich in der heutigen Arbeitswelt immer gestresster und unter Druck gesetzt. Die Diagnosen für Depression stiegen in den letzten Jahren rapide an. Andererseits bietet die Arbeitswelt heute mehr denn je den Luxus, sich selbst zu verwirklichen und ›sein Ding‹ zu machen. Dabei ist die Frage nach Selbstverwirklichung die Frage danach, wie authentisch Menschen an ihrem Arbeitsplatz sein dürfen. (...) Sind Menschen, die sich am Arbeitsplatz authentisch verhalten, auch psychisch gesünder, zufriedener mit ihrer Arbeit und leistungsfähiger?«

Intuitiv sage ich ja!

»Authentische Menschen zeigen (...) [das] Verhalten, was ihrem ›wahren Selbst‹ entspricht, (...) sind sich dessen auch stärker bewusst und suchen gezielt offene und authentische (Arbeits)beziehungen. Die vorliegenden Ergebnisse zeigen, dass es sich bei authentischem Verhalten um eine gesundheitsrelevante Ressource handelt: Authentische Mitarbeiter sind stärker intrinsisch motiviert, begeistert für ihre Arbeit, schätzen ihre Leistung höher ein und zeigen eine geringere Kündigungsabsicht. Interessant ist auch: [E]s gibt in Bezug auf Arbeits- und Lebenszufriedenheit einen umgekehrten Effekt: Eine höhere Arbeits- und Lebenszufriedenheit führt dazu, dass ich mich authentischer verhalte (nicht umgekehrt).«

Wenn man authentisch ist, ist das enorm förderlich für die Gesundheit.

Emmerich liefert auch Möglichkeiten zur »Förderung von Authentizität in Organisationen. (...) Dies kann von Unternehmensseite, von den Führungskräften und den Mitarbeitenden selbst geschehen: Was können Unternehmen tun? Offene Fehlerkultur. Der Umgang mit Fehlern stellt einen wichtigen Ansatz dar, wenn es um die Förderung von authentischem Verhalten geht. Eine offene Fehlerkultur bedeutet dabei, dass Mitarbeitende keine Angst davor haben müssen, Fehler zuzugeben, und dass anschließend mit Fehlern konstruktiv umgegangen wird. Herrscht eine solche ›offene Fehlerkultur‹, senkt das die Hemmschwelle, sich offen und authentisch zu verhalten, z. B. eigene Schwächen zuzugeben, kritische

Meinungen zu äußern und negative Verhaltensweisen anderer offen anzusprechen.«

Was kann man selbst tun, um authentischer zu sein? Ich empfehle an dieser Stelle ganz klar das Buch von Stephen Joseph, *Authentizität. Die neue Wissenschaft vom geglückten Leben*, siehe Literaturliste. Emmerich schreibt: »Erwartungen hinterfragen. Oft folgt man Rollenvorbildern und ahmt ihre Vorgehens- und Verhaltensweisen nach, ohne sich in ihnen wohlzufühlen oder sich gefragt zu haben, ob man diese Rolle auf genau diese Weise ausfüllen muss. Meist ist mehr Spielraum in den eigenen Arbeitsrollen ›man selbst zu sein‹, als es auf den ersten Blick erscheint. Investieren Sie in authentische Beziehungen. Ein authentisches Team fängt mit authentischen Beziehungen der Mitarbeiter untereinander an. Sie müssen nicht jedem alles sagen und immer alles äußern. Aber oft hilft schon ein Stück mehr Offenheit, um ein Teamklima zu schaffen, in dem die einzelnen Mitglieder das Gefühl haben, akzeptiert zu sein, kritische Punkte ansprechen (…) oder auch mal ›Luft ablassen‹ zu dürfen. Suchen Sie ›[I]hren‹ Job. In einem Job, der zu einem passt, ist man mehr ›man selbst‹. Ein wichtiger Aspekt ist es dabei, darauf zu achten, ob die eigenen Fähigkeiten zu den Anforderungen des Jobs passen – für eher introvertierte Menschen ist ein Job als Verkäufer nicht geeignet, auch wenn sie Begeisterung für ein Produkt mitbringen. Außerdem sollten Ihre Werte und Einstellungen zu denen des Unternehmens passen, damit Sie sich nicht tagtäglich für Ziele einsetzen müssen, die Sie nicht vertreten können. Und nicht zuletzt spielt es eine Rolle, ob Ihr Job Ihnen die Möglichkeit bietet, die Bedürfnisse, die Sie in Ihrem Job haben, zu erfüllen, z. B. die fachliche Weiterentwicklung.«

Ich bin davon überzeugt, Frau Emmerich hat hier sehr gute Arbeit gemacht.

In einem Zeitalter, in dem viele Menschen sich im Netz selbst darstellen, frage ich mich, wie authentisch, aufrichtig, wahrhaftig beziehungsweise einfach nur echt die Menschen sind. Ich für meinen Teil muss sagen, dass ich keine sozialen Netzwerke nutze. Ich war mal auf Facebook, aber jetzt bin ich sehr glücklich ohne dieses Netzwerk. Als Außenstehende habe ich mich viel mit Selbstdarstellung auseinandergesetzt, da ich es einfach interessant finde, was das Internet beziehungsweise soziale Netzwerke mit Menschen machen. Soziale Netzwerke sind für mich nicht sozial. Nicht wirklich. Menschen stellen Bilder von sich online, um anderen etwas zu zeigen. Aber ist der Mensch wirklich der, der da ein Foto von sich schießt? Wer ist er wirklich? Was will er mit seinem Foto sagen? Was will er bewirken? Warum tut er das? Fehlt ihm etwas? Anerkennung? Aufmerksamkeit? Bestätigung? Für mich bedeutet authentisch, dass ich so sein kann, wie ich bin. Voraussetzung ist natürlich, dass ich weiß, wer ich bin. Ich kann mir vorstellen, dass es immer mehr Menschen gibt, die sich ebendiese Frage stellen: Wer bin ich? Die Werbung gaukelt einem die Illusion vor, was man angeblich brauche, damit es einem noch besser gehe. Dann kauft man sich die Dinge, die man ja ach so dringend braucht, das kostet Geld. – Oder auch Verkäufer. Taktisch kluge Verkäufer geben einem das Gefühl, etwas Besonderes zu sein. Tatsächlich denkt man, dass einen der Verkäufer gut kenne. (Er ist natürlich geschult.) Wie toll muss ich sein, dass der Verkäufer sich um mich sorgt und mir klarzumachen versucht, was mir noch fehlt? Emotionen verkaufen sich immer gut. Dann kaufe ich etwas, was ich nicht brauche, um kurzweilig ein Gefühl – Begeisterung – zu haben, das der taktisch kluge Verkäufer in mir auslöst, um letztendlich den Verkauf doch wieder zu bereuen. So schnell geht dieses Um-den-Finger-Wickeln. Und unbedingt solle man noch die Versicherung für die neu gekaufte Waschmaschine nehmen, denn Waschmaschinen würden heutzutage sehr schnell kaputt werden. Es gibt kluge Menschen, die Waschmaschinen und Autos und Computer so bauen, dass sie nach einer gewissen Zeit kaputtgehen. Auch Strumpfhosen halten heute, wenn man sich ungeschickt anstellt, kaum mehr ein paar Sekunden, bis eine Laufmasche drinnen ist. Das habe ich damals in einem Soziologie-Seminar gelernt: Teilweise werden Dinge so konstruiert, dass sie früher oder später kaputtgehen, damit man gezwungen ist, schnell wieder etwas Neues zu kaufen. Geld verdienen, Umsatz machen, … stehen fast überall ganz oben. Authentizität heißt, nicht mit dem Strom zu schwimmen. Muss ich mir wirklich diese oder jene Tasche kaufen, um jemand zu sein? Man ist auch jemand, ohne diese Tasche zu haben. Bin ich wirklich besser und besonderer, wenn ich diese oder jene Tasche besitze? Kaufe ich mir gewisse Dinge nur, um anerkannt – gesehen – zu werden? Um zu verhindern, dass jemand sieht, wie unsicher ich unten drunter bin? Ich finde, es ist besser, man selbst zu sein und zu sich zu stehen, als jemand zu sein, der man gar nicht ist. Ja, in jedem von uns steckt das narzisstische Grundbedürfnis. Jeder braucht in irgendeiner Weise Anerkennung. Das ist in jedem Menschen angelegt. Narzissmus kann auch gesund sein. Aber auch hier ist das Maß entscheidend. Authentizität, das bedeutet, dass ich mich stimmig verhalte, im Einklang zu meinen Gedanken und Gefühlen lebe. Wie viele Menschen lächeln, obwohl sie traurig sind? Wenn man nur XY tut, kauft, sagt, macht, …, dann geht es einem gut. Dann ist man zufrieden. Ach, wirklich? Authentizität vor Fassade. Echt sein – etwas, das vielen Menschen immer schwerer fällt. Individuell sein. Aber ist schon mal jemand draufgekommen, dass es vor so vielen individuellen Individualisten gar nicht mehr den individuellen Individualisten gibt? Muss ich einen Hipsterbart tragen? Die neueste Luis Vuitton besitzen? Diese und jene Frisur haben? Muss ich Vorreiterin für irgendeinen Modetrend sein? Ja, wenn du das bist, bekommst du viel Aufmerksamkeit und stehst in den Medien. Aber hast du das wirklich nötig? Bist das wirklich du? Was ist dein wahres Motiv? Ich könnte seitenweise so weiter machen. Worauf ich hinaus will beziehungsweise was wichtig ist: Ich mache mir klar, dass ich gut so bin, wie ich bin. Neid macht unglücklich. Das Leben ist viel zu kurz, um jemand zu sein, der man nicht ist. Hauptsache, man ist man selbst. Ich nehme mich selbst wahr, meine Gefühle und Gedanken. Was wollen diese mir sagen? Manchmal ist es auch wichtig, zu erkennen, dass sie einfach da sind, ohne hinterfragt zu werden. Authentisch sein ist das neue Hipp-Sein. Authentisch sein ist in. Echt sein ist wichtig.

Zufriedenheit und kritisches Denken

Was heißt kritisches Denken überhaupt? Kritisches Denken meint ganz intuitiv, etwas zu kritisieren, kritisch zu beäugen und zu hinterfragen. Wie viele Menschen hinterfragen eigentlich ein System oder Handlungen von anderen Menschen? Aufgrund ihrer analytischen Fähigkeiten und sehr guten Wahrnehmung nehmen sie Details wahr, die anderen Menschen niemals auffallen würden. Menschen mit solchen Talenten haben diese besondere Gabe. Es gibt Menschen, die aktiv werden, wenn es um unsere Umwelt geht. Die Klimaaktivistin Greta Thunberg mischt die Welt gerade aktuell auf. Weiter so!

Kritisches Denken bedeutet, immer zwei Seiten zu beleuchten. Eine Sache für die einzig richtige hinzunehmen und die Kehrseite der Medaille komplett auszublenden, ist meiner Meinung nach nicht richtig. Alles, was Vorteile hat, hat auch Nachteile.

In einem gewissen Maß gehört das Hinterfragen zur Zufriedenheit dazu. Hinterfragen ist das Gegenteil von Hinnehmen. Hinnehmen ist per se nicht schlecht, wenn es darum geht, schwer veränderbare Dinge zu akzeptieren. Andererseits nehmen viele Menschen die Dinge einfach hin und stellen nicht die Warum-Frage. Warum? Hinter dieser Frage steckt doch die Frage nach dem Sinn? Viele Menschen sind gestresst von ihrem Arbeitsalltag, ja sogar gehetzt, und kommen immer weniger zur Ruhe. Das Telefon klingelt, der Chef ruft an. Völlig genervt geht man ans Telefon, obwohl man eigentlich Feierabend hat. Warum der ganze Stress? Was ist der Sinn dahinter? Wir leben in einer Welt, in der der Konkurrenzdruck steigt und immer mehr Menschen ein surreales Leben im Netz führen. Ständige Erreichbarkeit, Gehetzt-Sein und das Zählen-Wollen sind furchtbare Stressoren, die einem das Leben erheblich erschweren können.

Es gibt sie, diese hinterfragenden Menschen. Sie können möglicherweise nicht verstehen, wozu es gut sein soll, nach Feierabend noch erreichbar zu sein oder seine private Handynummer auf die Firmenseite zu stellen. Gibt es denn nichts Besseres, als nach einem Arbeitstag noch auf sein Firmenhandy zu schauen? Macht hin oder her, dauerhaft macht das doch krank. Gibt es denn nichts Wichtigeres, als Zeit mit sich selbst, seiner Frau oder seinem Mann, seiner Familie oder seinen Kindern zu verbringen? Ist das Privatleben denn überhaupt nichts mehr wert? Ist man reich, wenn man Geld oder eher, wenn man Zeit hat? Geht es denn nicht darum, reich an Zeit zu sein? Reich an Zeit, die man mit seinen Liebsten verbringen kann? Mit Sicherheit gibt es Menschen, die sich in Arbeit und Medienkonsum flüchten, um nicht mit ihrer inneren Leere konfrontiert zu werden.

Für mich persönlich zählen vor allem immaterielle Dinge. Was bringt mir sämtlicher Besitz, wenn zahlreiche Unternehmungen, Erfahrungen und Erlebnisse mein Leben erst lebenswert machen und so sehr bereichern, dass ich am Ende meines Lebens auf jeden Fall sehr positiv darauf zurückblicken werde? Geht es um teure Besitztümer oder sind es doch die vertrauen Bindungen, die mein Leben lebenswert machen? Und letztendlich muss ich vor allem mir selbst gefallen. Viele Menschen haben leider den Zugang zu ihrem wahren Wesen, zu ihrem inneren Kern verloren. Sie wollen gesehen werden, um sich gut zu fühlen, um darin bestärkt zu werden, ein guter Mensch zu sein. Sie geben vor, jemand zu sein, der sie nicht sind, um jemandem zu gefallen, damit es ihren Selbstwert erhöht (was ja zuerst ein nachvollziehbares Motiv ist; aber wie viel Leid kann damit einhergehen?). Somit machen sich sehr viele Menschen nur noch davon abhängig, wer ihre Fotos sieht und mag, um sich gut zu fühlen. Damit entfernen sie sich aber schlimmstenfalls von ihrem wahren Wesen. Und somit scheinen sehr viele Menschen in Scheinwelten zu fliehen. Sie posten zahlreiche Fotos, auf denen sie die hübschesten Frisuren haben, wunderschön geschminkt sind und fast ausschließlich das gesundeste und bunteste Essen zu sich nehmen. Ständig lachen sie um die Wette und führen das scheinbar perfekte Leben, nach dem sich so viele Menschen sehnen. Das ist so ein Idealbild, das jeder von sich gerne hätte, deshalb haben auch sämtliche Influencer so viele Follower. Das Hochladen eines Fotos, auf dem man weint, passt somit nicht in die Vorstellung der sehr vielen Menschen, die tagtäglich stundenlang vor ihrem Laptop verbringen und immer mehr vereinsamen. So ein Bild ist nicht erwünscht, man müsse ja immer gut drauf sein (Pater Anselm Grün).

Es geht um das Sich-Präsentieren, um Selbstdarstellung und Aufmerksamkeit. So haben sehr viele Menschen Vorstellungen davon, wie das Leben sein könnte oder sein sollte, und sie akzeptieren nicht, wie es tatsächlich ist.

Selbstdarstellung – irgendwie klingt das für mich so wie: Ich stelle mich dar. Ich setze mir eine Maske auf. In der Sonderausgabe des *Philosophie Magazins* mit dem Thema *Die griechischen Mythen* heißt es: »Die Besessenheit – eine Maske zu tragen heißt für den Menschen, aufzuhören, er selbst zu sein.« »Die Verdoppelung des Gesichts in der Maske, die Überlagerung des Gesichts mit der Maske, wodurch es unkenntlich wird, setzt Selbstentfremdung voraus.« Unter einer Maske verstecken sich möglicherweise Unsicherheit, Angst und Traurigkeit.

Sehr viele Menschen verbringen Stunden, ja sogar Tage und Wochen damit, ein Idealbild ihrer selbst zu erfüllen, nur um Aufmerksamkeit zu erlangen. Dadurch gibt es immer mehr Menschen, die – und in gewisser Hinsicht ist das eine kreative Meisterleistung – eine Person darstellen, sich eine Fassade oder Maske aufsetzen und sich anders verhalten, als es ihrem Wesen und Charakter entspricht. Mal ganz ehrlich: Ist das nicht furchtbar traurig? Hier wird doch mehr als deutlich, wie vielen Menschen auf dieser Welt es an Zuneigung mangelt.

Um auf das Beispiel mit Kindern zu kommen: Kinder kommen vermehrt immer früher von ihrer Mutter weg, werden in Kindertagesstätten gesteckt, wo sie bei weitem nicht die nötige Aufmerksamkeit von den Erzieher*innen bekommen – die für mehr Babys, Kleinkinder und Kinder da sein müssen – wie von der eigenen Mutter. Meiner Meinung nach sollte der Staat den (alleinerziehenden) Müttern und Vätern ohnehin viel mehr Geld bezahlen, denn diese leisten auch sehr viel, was in einer stark wirtschaftlich orientierten Welt leider viel zu wenig anerkannt ist. Aber da wir ja in einer Gesellschaft der ständigen Reformationen leben, dürfte das nicht unrealistisch sein. Und es liegt ja wahrlich in den Händen (nicht nur) der nächsten Generationen, wie es um unsere Zukunft bestellt sein wird. Die Kinder bekommen also nicht ausreichend Aufmerksamkeit, die sie sich später durch zum Beispiel Verhaltensauffälligkeiten versuchen zu holen. Aufmerksamkeit ist das Grundbedürfnis eines Babys.

Nicht nur Kindern mangelt es also an körperlicher und emotionaler Liebe, die in einem Zeitalter der Ungewissheit zu selten geworden ist. Und diese mangelnde Liebe kann sich Jahre später etwa als eine Depression bemerkbar machen. Ich habe eine wirklich beeindruckende Frau kennengelernt. Sie hat immer sehr viel gelacht (Fassade), war aber dann aufgrund von Depressionen in einer Klinik. Menschen sieht man ihr Leiden nicht an, nicht unbedingt. Sarah hatte keine einfache Kindheit und Jugend. Aber tief unter ihrer Fassade verbarg sich eine tiefe Traurigkeit. Sarah – wie ich sie hier nenne – ist eine sehr beeindruckende Frau, die es zwei Wochen lang nicht mehr aus dem Bett geschafft hatte. Sie hatte es nicht einmal mehr geschafft, sich zu duschen, und ihr Zustand war so schlecht, dass sie sich sogar übergeben musste. Sie hatte sich selbst verletzt und beim Autofahren kam ihr der Gedanke, dass sie einfach nur noch an einen Baum fahren müsste. Gottseidank tat sie das nicht und ließ sich in die Psychiatrie einweisen. Depressionen sind leider immer noch ein Tabuthema, denn in einer Welt, in der man immer gut drauf sein müsse, ist Traurigkeit nicht erwünscht, so auch der Benediktinermönch Pater Anselm Grün.

Aufgrund der Aufmerksamkeitsdefizite versucht man also, zu kompensieren. Als eher sensibler Mensch hat man es in einer auf Gewinnmaximierung ausgelegten Gesellschaft nicht leicht. Man versucht durchaus, viel Geld zu verdienen, das man aufgrund der stark ansteigenden Arbeitsbelastungen dann irgendwann für seine Gesundheit aufwenden muss, anstatt dass man gleich auf sich achtet und es gar nicht erst soweit kommen lässt. Hier ein Zitat des 14. Dalai Lama, Tenzin Gyatso (es ist in unterschiedlichen Versionen im Internet zu finden, ich habe es minimal abgewandelt):

»Als der Dalai Lama gefragt wurde, was ihn am meisten an der Menschheit verwundert, antwortete er: ›Der Mensch. Er opfert seine Gesundheit, um Geld zu verdienen. Wenn er es hat, opfert er es, um seine Gesundheit zurückzuerlangen. Und er ist so auf die Zukunft fixiert, dass er die Gegenwart nicht genießt. Das Ergebnis ist, dass er weder die Gegenwart noch die Zukunft lebt. Er lebt, als würde er nie sterben, und schließlich stirbt er, ohne jemals richtig gelebt zu haben.‹«

Ich zitiere aus Hararis Buch, der schreibt, dass viele Menschen sich vor einer Energieknappheit fürchteten. Ich finde Harari beeindruckend, da auch er ein sehr hinterfragender Mensch zu sein scheint:

»Im Grunde genommen ist die Industrielle Revolution nichts anderes als eine Revolution der Energieumwandlung. Dank dieser Revolution stehen uns heute nahezu grenzenlose Mengen von Energie zur Verfügung. Die einzige Grenze ist unsere Unwissenheit. Alle paar Jahrzehnte entdecken wir eine neue Energiequelle, sodass die Gesamtsumme der verfügbaren Energie immer weiter wächst. Warum befürchten trotzdem so viele Menschen, dass uns irgendwann die Energie ausgehen könnte? Warum warnen sie, dass uns eine Katastrophe ereilt, wenn unsere fossilen Energiereserven aufgebraucht sind? Es herrscht doch ganz offensichtlich kein Mangel an Energie. Wir wissen nur noch nicht, wie wir sie umwandeln und für unsere Zwecke nutzen können. Die in den fossilen Brennstoffvorkommen der Erde gespeicherte Energiemenge ist winzig im Vergleich zu der Energie, die die Sonne jeden Tag kostenlos ins All schleudert.«

Tagtäglich liest man solche Dinge in den Medien, die ja ohnehin Negativschlagzeilen bevorzugen. Ebenso verhält es sich mit der Rohstoffknappheit: Immer wieder werden neue Rohstoffe entdeckt. Weiter schreibt Harari, die Industrielle Revolution betreffend: »Auch die Pflanzen und Tiere selbst wurden mechanisiert. Just in dem Moment, in dem die humanistischen Religionen den *Homo sapiens* zum Gott erhoben, verloren die Nutztiere ihren Status als Lebewesen, die Schmerz und Leid empfinden konnten, und verwandelten sich in Maschinen. Heute werden diese Tiere oft in Fabriken massenproduziert, ihre Körper werden nach den Bedürfnissen der Industrie gestaltet, und sie verbringen ihr ganzes Leben als Rädchen in einer riesigen Produktionsanlage. Wie gut und wie lange sie leben, wird von der Kosten-Nutzen-Rechnung der Unternehmen diktiert. Auch wenn sie von der Industrie am Leben und bei relativer Gesundheit erhalten werden, hat diese kein Interesse an den sozialen und seelischen Bedürfnissen der Tiere (…). Viele Milchkühe verbringen beispielsweise die wenigen Jahre ihres Daseins in engen Boxen, an einem Ende an einen Nahrungsschlauch, am anderen an einen Melkschlauch angeschlossen. Die Kuh in der Mitte ist nicht mehr als eine Milchmaschine.

Das Schicksal der Hühner ist nicht weniger traurig. Legehennen haben komplexe Verhaltensweisen, sie verspüren ein starkes Bedürfnis, ihre Umwelt zu erforschen, Futter zu suchen, soziale Hierarchien zu schaffen, Nester zu bauen und ihr Gefieder zu putzen. Doch die Eierindustrie pfercht die Vögel oft zu viert in kleine Drahtkäfige, in denen jedes Tier nur 25 auf 20 Zentimeter Platz hat. Die Hennen erhalten zwar ausreichend Futter, doch sie sind nicht in der Lage, ein Territorium zu beanspruchen, ein Nest zu bauen und anderen natürlichen Bedürfnissen nachzukommen. Die Käfige sind oft winzig, dass sie nicht einmal mit den Flügeln schlagen oder sich gänzlich aufrichten können.

Schweine zählen zu den neugierigsten Säugetieren und kommen vielleicht gleich nach den Menschenaffen. In den Mastfabriken werden oft Hunderttausende von Sauen in winzige Käfige gezwängt, die nicht größer sind als sie selbst und in denen sie sich nicht einmal umdrehen, geschweige denn laufen oder nach Futter suchen können. Im ersten Monat der Geburt der Ferkel werden die Sauen in diesen Käfigen gehalten, dann werden ihnen die Jungen weggenommen und gemästet, und die Sauen werden erneut gedeckt.

Küken auf dem Fließband eines industriellen Legebetriebs. Männliche Küken sowie missgebildete weibliche Küken werden aussortiert, in Gaskammern erstickt, geschreddert oder einfach auf den Müll geworfen, wo sie zu Tode gequetscht werden. Jährlich sterben weltweit Hunderte Millionen Küken in diesen Legefabriken.«

Harari schreibt weiter: »Die industrielle Tierhaltung hat genauso wenig mit einem Hass auf Tiere zu tun, wie die Sklavenhaltung mit einem Hass auf die Afrikaner zu tun hatte. Das Motiv ist hier wie da die Gleichgültigkeit. Die meisten Menschen machen sich nicht die geringsten Gedanken über das Schicksal der Hühner, Kühe und Schweine, deren Eier, Milch und Fleisch sie konsumieren. Und wer die Verhältnisse kennt, argumentiert gern, diese Tiere seien im Grunde nichts anderes als gefühllose Maschinen, die kein Leid empfinden könnten. Ironischerweise haben dieselben Wissenschaften, die unsere Milch- und Eiermaschinen züchten, in jüngster Zeit zweifelsfrei bewiesen, dass Säugetiere und Vögel ein komplexes Gefühlsleben haben. Sie können nicht nur körperliches, sondern auch emotionales Leid empfinden.

In den 1950er Jahren trennte ein amerikanischer Psychologe namens Harry Harlow junge Affen wenige Stunden nach der Geburt von ihren Müttern. Die Affenbabys wurden in Käfige gesperrt und von Attrappen ›großgezogen‹. In jedem dieser Käfige befanden sich zwei Affenpuppen: Eine aus Draht, an der eine Milchflasche befestigt war, und eine andere aus Holz, die mit Wolle überzogen war und entfernt an eine Affenmutter erinnerte. Da die Stoffpuppe keine Milch gab, nahm Harlow an, dass die Affenjungen sich an die Drahtpuppe halten würden. Zu Harlows Verwunderung zogen die Affenbabys die Stoffmutter vor und klammerten sich die meiste Zeit an diese. Wenn die beiden Attrappen nebeneinander aufgestellt wurden, blieben die Kleinen auf der Stoffpuppe sitzen und reckten sich zur Drahtpuppe hinüber, um zu trinken. (...) Nachfolgeuntersuchungen ergaben, dass sich Harlows verwaiste Äffchen später zu emotionalen Wracks entwickelten, obwohl sie die Nahrung erhalten hatten, die sie benötigten. Sie konnten sich nicht in die Affengesellschaft einfügen und zeigen ein hohes Maß an Stress und Aggression. Der Schluss drängte sich auf, dass Affen auch psychische Bedürfnisse haben, die weit über die Ernährung hinausgehen. Wenn diese nicht befriedigt werden, leiden die Tiere. In den folgenden Jahrzehnten haben immer neue Experimente gezeigt, dass dies nicht nur auf

Affen zutrifft, sondern auch auf andere Säugetiere und Vögel. Heute werden Harlows Experimente täglich in aller Welt millionenfach wiederholt, wenn Bauern Kälber und andere Jungtiere kurz nach ihrer Geburt von ihren Müttern trennen und in Isolation aufziehen.«

Im letzten Fünftel des Buches geht es zunehmend um die moderne Zeit. So schreibt Harari vom »Shopping-Zeitalter« und vom »Konsumismus«. Im Vergleich zu früheren Jahrhunderten haben die Menschen heute in der westlichen Welt vor allem ein sehr luxuriöses Leben. In dieser Wegwerfgesellschaft überleben viele Dinge nicht allzu lange, denn wozu eine Hose nähen, wenn sie gerissen ist, wenn man sich doch an fast jeder Straßenecke eine neue kaufen kann? In einer stark konsumorientierten Welt wie der heutigen braucht es niemanden zu verwundern, wenn es immer mehr übergewichtige Menschen auf diesem wunderbaren Planeten gibt.

Weiter geht Harari auf die Umweltzerstörung ein, die »nicht mit Rohstoffknappheit verwechselt werden [sollte]«. Als Beispiele nennt er hierbei »[die] Erderwärmung, die schmelzenden Polkappen, [den] Anstieg der Meeresspiegel und die verbreitete Verschmutzung von Luft und Wasser«, die »die Lebensbedingungen auf der Erde dramatisch verschlechtern [könnten], und in Zukunft könnte ein sich aufschaukelnder Wettlauf zwischen den menschlichen Möglichkeiten und den von Menschen verschuldeten Naturkatastrophen entstehen.«

Der Mensch lebt auch nicht mehr nach dem Rhythmus; als Beispiel nennt Harari die Sonne und die Jahreszeiten. Die »natürlichen jahreszeitlichen Rhythmen, wie sie die traditionelle Landwirtschaft beherrschten, [wurden] durch die ewig gleichförmigen und vom Sekundenzeiger getakteten Zeitpläne der Industrie [verdrängt]. Traditionelle landwirtschaftliche Gesellschaften lebten nach den Tageszeiten und den jahreszeitlichen Wachstumszyklen. (…) Die

Menschen gingen ihren Arbeiten auch ohne Uhren und Zeitpläne nach und richteten sich nur nach der Sonne und den Wachstumskreisläufen der Pflanzen. Es gab keinen festgelegten Arbeitstag, und die Abläufe unterschieden sich je nach Jahreszeit erheblich. Die Menschen wussten, wo die Sonne stand und warteten ungeduldig auf die Zeichen für den Frühlings- oder Herbstanfang, aber sie interessierten sich nicht für die Uhrzeit und wussten nicht, in welchem Jahr sie lebten.« Zunehmend verschwinden »Familie und Gemeinschaft«, sie werden »durch den Staat und den Markt« verdrängt. Die zunehmende Individualisierung eines jeden Einzelnen leiste dazu einen erheblichen Beitrag. Früher unterstützte man sich noch gegenseitig oder unterstützte hilfsbedürftige, einem nahestehende Menschen, heute hingegen bietet der Staat einem so viele Möglichkeiten, dass Gemeinschaften wie zum Beispiel die Familie zerfallen. Stattdessen rücken immer mehr »erfundene Gemeinschaften« in den Vordergrund. So schreibt Harari von der »Nation (…), [die] die erfundene Gemeinschaft des Staates« sei. Und durch die zunehmende Individualisierung verwundert es umso weniger, wenn immer mehr Gemeinschaften zerbrechen und auseinanderfallen. Siehe auch das Interview mit Herrn Geißler.

Weiter schreibt der beeindruckende Harari über das Glück: »Bislang sind wir davon ausgegangen, dass Glück vor allem von materiellen Faktoren wie Gesundheit, Ernährung und Wohlstand abhängt. Je reicher und gesünder wir sind, umso glücklicher sind wir auch, so die Logik. Dieser Zusammenhang ist jedoch keineswegs erwiesen. Philosophen, Priester und Dichter haben sich Jahrtausende lang den Kopf über das Glück zerbrochen und sind oft zu dem Schluss gekommen, dass gesellschaftliche, ethische und spirituelle Faktoren weit größere Auswirkungen auf unser Glücksempfinden haben als unsere materiellen Umstände. Könnte es sein, dass Menschen in wohlhabenden Gesellschaften trotz ihres Wohlstands unter Entfremdung und Sinnlosigkeit leiden? Und könnte es sein, dass unsere weniger wohlhabenden Vorfahren in der Gemeinschaft, der Religion und der Beziehung zur Natur ihr Glück fanden?«

Das ergeben auch die Interviews und Gespräche, die ich mit unterschiedlichen Personen geführt habe.

»Familie und soziales Netz wirken sich deutlich stärker auf unser Wohlbefinden aus als Geld und Gesundheit. Menschen in starken Familien und einem funktionierenden sozialen Netzwerk sind deutlich glücklicher als Menschen in dysfunktionalen Familien und ohne soziales Netzwerk. (…) Einem kranken und armen Menschen, der in einer liebevollen Familie und einer fürsorglichen Gemeinschaft lebt, geht es besser als einem entfremdeten Multimillionär, vorausgesetzt, seine Armut ist nicht zu groß und sein Gesundheitszustand verschlechtert sich nicht stetig.«

»Zwar haben wir bei der Wahl unseres Lebenswegs immer mehr Möglichkeiten, aber gleichzeitig fällt es uns immer schwerer, uns festzulegen und Verpflichtungen einzugehen. Daher leben wir in einer immer einsameren Welt, in der die Bande von Familie und Gemeinschaft reißen.«

»Wir glauben oft, wenn wir nur endlich den Arbeitsplatz wechseln, heiraten, unseren Roman zu Ende schreiben, ein neues Auto kaufen oder unsere Hypothek abzahlen, dann, ja dann werden wir endlich glücklich sein. Aber wenn unsere Wünsche schließlich in Erfüllung gehen, sind wir sonderbarerweise auch nicht glücklicher.«

Was helfen sämtliches »Geld, Status, Schönheitsoperationen, Luxusvillen, Macht, Einfluss«, wenn man nicht glücklich ist? »Wahres Glück kommt tatsächlich nur von innen – von Serotonin, Dopamin und Oxytocin.« So die Forschungen von Biologen.

Harari zitiert zustimmend Jean-Jacques Rousseau: »Alles, von dem mir mein Gefühl sagt, dass es gut ist, ist auch wirklich gut; alles, was mein Gefühl schlecht nennt, ist schlecht.«

Der Mensch hört leider immer mehr auf, sich auf seine Gefühle zu verlassen. Somit wendet der Mensch sich von seinem inneren Kern oder – wie es Pater Anselm Grün zum Beispiel sagen würde – inneren Kind ab, um sich nicht als Außenseiter zu fühlen.

»Fragebögen zum subjektiven Wohlbefinden gehen also davon aus, dass das Glück ein subjektives Gefühl ist und beschreiben die Suche nach Glück als die Suche nach bestimmten emotionalen Zuständen. Im Gegensatz dazu sehen traditionelle Philosophien und Religionen wie der Buddhismus den Schlüssel zum Glück in der Selbsterkenntnis. Viele Menschen machen den Fehler, sich mit ihren Empfindungen zu identifizieren. Wenn Sie ärgerlich sind, denken Sie: ›Ich bin ärgerlich. Das ist mein Ärger.‹ Folglich bringen sie ihre Leben damit zu, bestimmte Gefühle zu suchen und andere zu meiden. Sie erkennen nie, dass das gar nicht ›ihre‹ Gefühle sind, und dass die Jagd nach bestimmten Gefühlen letztlich nur mehr Leid verursacht. Wenn Buddha Recht hat, befinden wir uns mit unserem gesamten Glücksverständnis auf dem Holzweg. Vielleicht kommt es weniger darauf an, dass unsere Erwartungen erfüllt werden und wir uns in wohligen Gefühlen räkeln. Vielleicht kommt es vielmehr darauf an, dass wir uns selbst so sehen, wie wir sind.«

Wir Menschen sind Erdenwesen und so, wie wir geschaffen wurden. Und das ist auch gut so! In jedem einzelnen von uns stecken Gefühle, nur sind diese von starren Fassaden überdeckt. Das sind Menschen, die den Zugang zu ihrem inneren Kind verloren haben. Es bringt nichts, jemand anderer zu sein. Bevor ich jemand anderer bin, bin ich lieber ich selbst. Außerdem ist das Leben viel zu kurz, um jemand anderer zu sein.

Hararis Buch endet mit folgenden Sätzen: »Wir haben größere Macht als je zuvor, aber wir haben immer noch keine Ahnung, was wir damit anfangen wollen. Schlimmer noch, die Menschheit scheint verantwortungsloser denn je. Wir sind Selfmade-Götter (…). Und so richten wir unter unseren Mitlebewesen und der Umwelt Chaos und Vernichtung an, interessieren uns nur für unsere eigenen Annehmlichkeiten und unsere Unterhaltung und finden doch nie Zufriedenheit.«

In der Zusammenfassung auf der Innenseite des Buchdeckels heißt es außerdem noch: »Der Mensch hat die Fähigkeit zu schöpferischem und zu zerstörerischem Handeln wie kein anderes Lebewesen. Und die Menschheit steht jetzt an einem Punkt, an dem sie entscheiden muss, welchen Weg sie von hier aus gehen will.«

Es ist doch offensichtlich, was das Ziel des Handelns der Menschen sein sollte: schöpferisches Handeln. Und es ist unglaublich schade, wie viele Menschen zerstörerisch handeln. Wenn jeder Einzelne bei sich anfangen würde, die Dinge zu hinterfragen, wäre das ein erster entscheidender Anfang.

Ich weiß, das waren jetzt sehr viele Zitate, aber ich finde sie doch so unglaublich wichtig, zudem behandelt Harari hochaktuelle Themen.

Zufriedenheit und innerer Kritiker

(Auszug aus meinem Buch *Das Gespräch am Strand. Eine Erzählung über die Selbstliebe*)

»Wir kennen und verabscheuen ihn doch alle, irgendwie: unseren inneren Kritiker. Er erniedrigt uns, lässt uns an uns selbst zweifeln und meint doch tatsächlich, die Macht über uns haben zu müssen. Doch wozu das Ganze? Schließen wir doch einfach Freundschaft mit ihm, vielleicht geht er dann auch sanfter mit uns um. Ist es denn nicht wichtig, sich diesem inneren Kritiker einmal zuzuwenden, sich ihm zu widmen? Immer wieder macht er sich bemerkbar, oft mit Äußerungen, die hinterfragt werden sollten. Wer kennt das nicht, kritisiert zu werden, sei es von anderen Menschen oder dass man selbst dieser Mensch ist. Der innere Kritiker sagt Dinge, die teilweise einfach nicht wahr sind. Vielleicht hilft es ja, ihn einfach mal mit ›mein Liebster‹ anzusprechen, ihm die volle Aufmerksamkeit zu schenken und ihm zum Beispiel zu sagen: ›Heute möchte ich mich um dich kümmern, mich mit dir auseinandersetzen, dich lieben lernen. Ja, ich möchte Freundschaft mit dir schließen, auch wenn du mich niedermachst. Ich möchte dich ehren lernen, auch wenn du mich ab und zu an mir selbst zweifeln lässt. Ich möchte dich besser kennenlernen, denn du scheinst auch mich zu kennen, aber – nimm es mir nicht übel – da bin ich mir manchmal nicht so sicher. Liebster, ich schätze dich, denn du bist ein Teil von mir. Du bist wie ein kleines Wesen in meinem Kopf, das sich selbst Aufgaben schaffen, auch existieren möchte. Das tust du, denn schließlich setze ich mich mit dir auseinander, beschäftige mich mir dir, hinterfrage dich. Ja, ich bin ein skeptischer Mensch, ich liebe meinen Skeptizismus, und ja, ich denke, du kannst meinen Skeptizismus nicht leiden.

Denn du möchtest nicht, dass ich dir skeptisch begegne. Das wird dir jetzt nicht passen, aber ich muss das tun. Du existierst, du bist da. Manche Menschen, vor allem die, die mir sehr nahestehen, kritisieren mich sehr viel. In den wenigsten Fällen stimme ich ihnen zu. Mittlerweile, denn ich habe an mir gearbeitet. So sehr mich manche Menschen auch lieben, sie können mich auch kritisieren. Das ist nicht schlecht, jedoch sollte das nicht überhandnehmen. Und irgendwie bist du, mein lieber innerer Kritiker, die Stimme dieser Menschen. Aber wenn ich es mir recht überlege, liegt es an mir, ob ich das zulasse oder nicht. Manche Menschen meinen zu wissen, was das scheinbar Beste für mich ist, und kritisieren mich. Sie wollen mich zu einem tollen Menschen machen, scheinbar. Aber der bin ich doch längst, trotz meiner Makel und auch dann, wenn ich anders denke, reagiere, handle, mich verhalte, wie diese Menschen es von mir wünschen. Mein Bruder nannte mich immer ›kleines Schweinchen‹ in Anspielung auf meine Rundungen. Manchmal sind gewisse Menschen nicht da, um mich zu kritisieren, dann tue ich es selbst. Es ist in mir schon so verankert. Ist das nicht furchtbar? Lieber innerer Kritiker, du beschimpfst mich, gehst mit mir hart ins Gericht. Das ist unfair. Ich weiß, du meinst es nur gut mit mir. Aber hab Vertrauen in mich, ich weiß, was das Beste für mich ist. Du kritisierst mich, damit die Kritik von anderen Menschen weniger schlimm für mich ist. Aber wie gehe ich so mit mir um? Das kann so nicht weitergehen! Ja, okay, ich habe einige Kilogramm zu viel auf der Waage, liebe Schokolade und Kuchen, aber manchmal darf das doch sein. Laut dir sollte ich das nicht mehr tun, aber was soll das? Es ist ja nicht so, dass ich das jeden Tag tue. Mein guter Freund, ich hinterfrage dich, aber ich möchte auch, dass du weißt, dass ich dich mag. Ich mag dich sehr. Denn durch dich lerne ich, die Dinge zu hinterfragen, mein eigenes Verhalten zu reflektieren, mich mehr mit mir selbst zu beschäftigen. Wisse aber gleichzeitig, dass ich nicht immer auf dich hören kann, will und muss, denn du hast einfach nicht immer recht. So wie auch ich nicht immer recht habe. Ich bin sehr dankbar, dass es dich gibt. Ich möchte dich gar nicht vernichten oder verlieren, denn das ist nicht meine Art, ich möchte dich aber in mein Leben integrieren, möchte dich an meinem wunderbaren Leben teilhaben lassen, auch wenn du es mir manchmal schwer machst. Aber das ist gut, denn im Leben läuft schließlich auch nicht immer alles rund. Das Leben besteht aus vielen Stolpersteinen, Höhen und Tiefen. Wenn ich ausschließlich auf dich hören würde, würde ich nie Fehler machen, um daraus zu lernen. Ich bin ein lernfähiger Mensch, ich bin keineswegs perfekt und möchte unbedingt Fehler machen, um mich weiterzuentwickeln. Ich möchte in Zukunft eine bessere Version meiner selbst sein, ich möchte an mir arbeiten (mit deiner Unterstützung), aber gib mir auch die Chance, das zu tun. Vertrau mir, ich werde meinen Weg gehen, auch wenn es dir nicht immer passen mag. Und manchmal ist es auch wichtig, es einfach gut sein zu lassen. Ich bin ein sehr ehrlicher Mensch mit einem gesunden Menschenverstand. Ich weiß um meinen Wert in dieser Welt Bescheid, tu' das Beste für meine Mitmenschen, ohne dass auch ich zu kurz komme. Ich bin selbst ein Kritiker, und das solltest du zu schätzen wissen, sonst würde ich dich nicht hinterfragen. So ist das alles in einem gesunden Gleichgewicht. Vieles beruht auf Gegenseitigkeit, also schätze dich glücklich. Du hast allen Grund dazu. Und wenn wir mal wieder auf Kriegsfuß sind – na gut, so drastisch ist es dann auch wieder nicht, dann lass uns streiten, und ich bin überzeugt, dass du und ich, dass wir beide das geregelt bekommen. Es wird immer ein Auf und Ab, ein Richtig und Falsch geben, so spielt das Leben. Und wenn es mal nicht so läuft, werde ich das akzeptieren, denn nach einem Tief wird wieder ein Hoch kommen und das ist dann umso besser. Insofern verspüre ich eine große Vorfreude, wenn es mal anders läuft als erwartet, denn ich weiß, dass sich das bald mit Gewissheit ändern wird. Also, mein Liebster. Ich sage nicht: Du kannst mich mal! Ich sage: Ich mag dich.‹«

Wir sind einmalig und manche Personen meinen, sie könnten uns das nehmen. Das ist nicht fair. Nein, es läuft nicht immer alles gut. Aber letztlich: Jeder auf dieser Welt hat nur dieses eine Leben, da sollte man das Beste daraus machen. Ohne einen Kritiker bleibt alles auf dem alten Stand. Kritik ist gut, um Dinge zu hinterfragen und diese zu verbessern. So hinterfrage ich die sozialen Medien im Internet. Die Konsumenten stellen sich dar (ich weiß, ich habe es schon mehrmals erwähnt). Doch das ist nicht die Realität (nicht unbedingt), das ist Fassade. Nichts und niemand auf dieser Welt ist Tag und Nacht ununterbrochen glücklich, isst das beste und teuerste Essen oder trinkt den besten Champagner. Das Traurige an der Sache ist, Menschen scheinen die Wahrheit überhaupt nicht wissen zu wollen, denn das im Netz dargestellte Leben ist eine Illusion. Die Menschen sind so oberflächlich, dass sie sich mit Illusionen, Fassaden und Nicht-Wahrheiten zufriedengeben, um den Schein des scheinbar Perfekten zu wahren.

Wir sind, wie wir sind: mit Pickeln, kleinen Brüsten oder Krampfadern. Wir wurden so geschaffen, wie wir sind, und wir sollten diese Person, die wir sind, viel mehr lieben lernen. Ja, es gibt heutzutage so viele Möglichkeiten, die genutzt werden wollen, einen aber auch verrückt machen können. So zum Beispiel Schönheitsoperationen. Warum gehen so viele zum Schönheitschirurgen? Weil die Gesellschaft Schönheitsideale schafft. Da ja jeder Mensch unter anderem das Bedürfnis der Zugehörigkeit in sich hat, verändert er seinen Körper, um dazuzugehören, Anerkennung zu erfahren, Liebe zu erfahren. Schönheit mag für jeden etwas anderes bedeuten, aber ist Schönheit nicht Wahrhaftigkeit, Aufrichtigkeit, Authentizität? Bedeutet wahre Schönheit nicht, aufzuhören, sich zu verstellen? Fehler machen zu dürfen? *Errare humanum est.* Irren ist menschlich. Fehler zu machen bedeutet Fortschritt. Man wirft immer viel zu schnell das Handtuch, lernt nicht mehr, sich durchzubeißen.

Warum sollte ich mit meinen Falten Frieden schließen? Ich könnte doch auch zum Schönheitschirurgen? Aber, liebe Patienten der Schönheitsdoktoren: Ihr seid schön, auch mit Falten. Ihr könntet sie lieben lernen, wenn ihr nur an eurer inneren Einstellung etwas ändern würdet. Wenn es nichts hilft, dann geht eben zu einer Beratung oder macht Therapie. Aber gleich so einen drastischen Weg wählen? Lassen wir mal die Behandlung von Unfall-, Brand- oder weiteren Opfern außen vor.

Viele Menschen rennen der neuesten Mode hinterher, zwingen sich zu permanent guter Laune (die es nicht gibt, denn jeder auf dieser Welt hat Probleme oder Problemchen), leisten sich teure Luxusgegenstände, während Millionen von Menschen in Afrika den Hungertod sterben. In einer Welt der Globalisierung und Digitalisierung sollte es doch möglich sein, den armen Menschen auf dieser Welt zu helfen, denn auch sie haben nur dieses eine Leben. Digitale Entschlackung oder Entgiftung täte vielen von uns sicher mal gut!

Während viele Menschen immer scheinbar perfekter, reicher, schöner, … werden wollen und dadurch meistens (nur noch) unglücklicher werden, werden die armen Menschen immer ärmer und durstiger. Wachen wir doch endlich mal auf! Schenken wir uns mehr Lächeln und Liebe, das kostet nicht einmal etwas. Lächeln macht glücklich, hält gesund und hilft anderen Menschen. Vor allem ein authentisches Lächeln (das, wo man mit den Augen lächelt beziehungsweise lacht).

Die Erde beheimatet Lebewesen wie uns, geben wir ihr doch viel mehr zurück. Pflegen wir mehr unsere Umwelt, ehren die Natur, die vier Elemente und hören auf, sie zu beschmutzen. Auch die Natur ist einmalig. Es ist traurig, wie viel Müll in den Weltmeeren landet, wie viele Tiere verenden und getötet werden. Es kann doch nicht glücklich machen, das Leben anderer Lebewesen zu gefährden. Hören wir auf, so selbstbezogen zu sein, ehren wir das andere, die anderen, denn wir selbst wollen doch auch geehrt werden. Und ich bin mir hundertprozentig sicher, dass das gelingen kann und wir das schaffen können, denn wir sind doch intelligent!

Also: Jeder kann an dieser Stelle bei sich selbst anfangen. Dann sind auch die Generationen nach uns überlebensfähig. Es sollte unsere Pflicht sein, sofern das geht, anderen ein genauso tolles Leben zu bescheren (mit allen Höhen und Tiefen), wie wir es jetzt haben. An dieser Stelle noch ein kleiner Einschub zum Thema *Haut*: Im Sommer 2015 besuchte ich in Eichstätt (dort habe ich studiert) eine Kunstgalerie, in welcher Bilder von nackten Menschen hingen. Aussteller war ein bayerischer Galerist, der Bilder des deutschen Fotografen Tom Fährmann ausstellte. Ich nahm mir die »Anmerkungen zum Menschenbild in Tom Fährmanns Photoprojekt ›beyond the image‹« mit, in denen der Galerist über die Haut schrieb. Seine geschriebenen Worte sprachen mich sehr an. Im Folgenden zitiere ich daraus:

»[W]ir wollen, dass die Haut keine Geschichte hat, dass sie keine Geschichten mehr erzählt. Flecken und Falten sind Unheilszeichen, Alarmsignale, denen wir glauben mit allerlei Mitteln begegnen zu müssen, und wir werden ja auch forsch angehalten, einen sonderbaren Kampf gegen die menschliche Natur aufzunehmen. (…) Haut, Körper, Leib, Nacktheit – Optimierungsversuche (…) Jede Gesellschaft normiert und entwirft Ideale. Denkideale, Handlungsideale und Schönheitsideale sind allemal subkutan. Und auch wenn sich am menschlichen Körper verschiedene Schönheitsideale manifestierten und wir uns daran wärmten und immer noch wärmen, der Körper (...) galt über Jahrhunderte als unverlässlicher Geselle. Zu hoch die Kindersterblichkeit, zu kurz die erwartbare Lebenszeit. Die Legion vielfältiger Krankheiten, Gebrechen und Siechtum und die aus heutiger Sicht mangelhafte und unzureichende ärztliche Versorgung ließen den Menschen ein kritisches bis despektierliches Verhältnis zum Körper einnehmen. Der Körper wurde so lange Zeit als Quelle des Unheils, als Grab der Seele, als vergängliche Hülle und Schein angesehen – auch wenn das Christentum die Auferstehung der Leiber als Paradies feierte. Und trotz oder vielleicht gerade deswegen wurde der Körper nicht nur geplagt durch Folter, Askese und Sport, er wurde auch immer gepflegt und geschmückt, denn er war und ist unser erstes Haus, das wir bewohnen. Unser erstes und unser letztes Haus, meine Damen und Herren. Wir sind unzufrieden geworden mit dieser Residenz. Ständig werden wir von Schadensberichten aufgeschreckt. Mit Scham und Widerwillen sprechen wir von Orangenhaut und Schwangerschaftsstreifen und Besenreißern und Krampfadern und Krähenfüßen und Runzeln und Falten und Altersflecken. Wir wollen keine Mängelwesen sein und wir wollen keinen Verschleiß, wir sind ja Problemlöser und suchen gern Ansatzpunkte, um Abhilfe zu finden bei Mängelsituationen. Die Zauber- und Lockworte, die kennen Sie alle, sie lauten Beauty und Wellness und Spa, sie werden nicht nur gesprochen, sondern mit verführerischen Bildbeispielen unterlegt. Ich will hier nicht von all den technischen Raffinessen sprechen, mit der die Kosmetik und ästhetische Chirurgie operieren. (...) Aber lesen wir die Werbetexte dieser eben genannten Industriezweige, dann geht es um Profilschärfung und Problemzonen, um Optimierung der

Körperareale. Laserlipolyse, Transplantation, Face- und Stirn-Lifting, Lidstraffung, Nasen-, Ohrenkorrektur usw. werden in einer Dringlichkeit angepriesen, die schon verwundert. Und wahrlich, wir tragen unsere Haut selbst auf den Markt. ›Seine Haut selbst zu Markte tragen‹, in der englischen Übersetzung dieses Ausdrucks wird noch deutlicher, was da geschieht. Er lautet: to risk one's neck, also sein Leben riskieren. Die Zurufe sind laut, sie gewähren keine Pause. Ist es falsch zu sagen, dass der für lange Zeit gültige Human-Imperativ ›Du musst dein Leben ändern‹ umgemünzt worden ist und der Begriff ›Leben‹ mit dem Begriff ›Leib‹ ersetzt worden ist? Es tönt also von allen Seiten: Du musst Deinen Leib ändern – denn: Er taugt nicht. (…) Schuld und Haut (…) Und in den letzten Jahrzehnten hat sich in großen Bevölkerungsteilen die Haut als Leinwand und Zeichenträger etabliert. Sie kennen den starken Trend zur Tätowierung. Wie ist dieses Phänomen zu deuten? Ist es nur eine Folge des unstrittig zunehmenden Individualisierungswunsches, im Sinne von ›dies ist mein eigener Körper, ich habe Verantwortungs- und Verfügungsgewalt darüber‹? Oder gibt es andere Deutungsmöglichkeiten?«

Wer auch den Film *Embrace* gesehen hat, weiß, was es mit dem Körper und sämtlichen Schönheitsidealen auf sich hat.[12] Ich finde den Film einfach toll. Man ist gut so, wie man ist, und das sollte man akzeptieren und damit zufrieden sein. Einfach embrace: Umarme dich und deinen Körper. Akzeptiere dich und deinen Körper. Nimm dich an – so, wie du bist. Schau nicht, was andere tun, sondern geh deinen eigenen Weg. Lass dich nicht von irgendwelchen Werbefilmen, die dich ohnehin nur zum Kaufen animieren sollen, beeindrucken. Steh zu dir, sei du selbst, denn das strahlst du dann auch aus.

Zufriedenheit, Teil 2, Praxis:
Anregungen, Beispiele und Übungen

Entdeckungsreise zu mir selbst

Ja, in mir steckt eine kleine Forscherin und Wissenschaftlerin. Im ersten Teil habe ich versucht, meine Erkenntnisse mit Büchern, Gesprächen und Interviews zu belegen und auch etwas Eigenes geschrieben. Das hat mich wirklich sehr zufrieden gemacht. Im Folgenden kommt der Praxisteil. Die Punkte, die ich hier nenne, habe ich aufgrund meiner Erfahrungen, Erlebnisse und Interessen selbst zusammengetragen. Das sind Dinge, mit denen ich mich auseinandergesetzt habe und die mich glücklich machen. Wenn du dich näher damit beschäftigst, selbst forschst und liest, kannst du erkennen, dass sich sehr viele Menschen mit diesen Dingen auseinandersetzen, teilweise sind diese wissenschaftlich belegt oder es gibt Studien dazu. Ich beziehe mich in diesem Teil nicht mehr auf konkrete Beispiele, sondern beziehe dich, liebe Leserin, lieber Leser, mit ein. Mich machen diese Dinge nachweislich glücklich und zufrieden. Das wünsche ich dir auch: Dass du dir ein Stück weit näherkommst und neue Seiten an dir entdeckst. Ich wünsche dir von ganzem Herzen, dass du bei den folgenden Übungen Glück, Wohlbefinden und Zufriedenheit erfährst. Und das kostet dich lediglich den Kauf meines Buches (ich hoffe, das ist es dir wert). :)

Zufriedenheit und Selbstliebe

Ich lade dich ein, diese Zeilen laut oder leise zu lesen:

Ich stehe zu mir. Ich liebe mich mit all meinen Stärken und Schwächen und stehe dazu. Ich bin gut – so, wie ich bin. Ich schwöre mir ewige Treue. Ich bin liebenswert. Ich bin der wichtigste Mensch in meinem Leben. Ich bin aufrichtig, authentisch, ehrlich, offen und wahrhaftig. Ich bin ein aufrichtiger Mensch und wünsche meinen Mitmenschen das Gleiche. Ich bin gut zu mir und ich bin gut zu meinen Mitmenschen. Jeder Mensch ist auf seine Weise einzigartig. Ich bin wunderbar und andere Menschen sind wunderbar. Ich bin gut zu mir und ich liebe mich. Ich liebe auch andere Menschen. Ich sorge für mich. Ich akzeptiere mich so, wie ich bin. Denn so, wie ich bin, bin ich gut. Ich möchte mich selbst kennenlernen. Ich möchte mich stimmig verhalten. Ich möchte mich so verhalten, wie es zu mir passt. Ich möchte herausfinden, was gut für mich ist. Ich finde Zugang zu meinen Gefühlen und habe Kontakt zu ihnen. Ich lasse Nähe zu. Ich beschäftige mich mit mir selbst: Wer bin ich? Was kann ich gut (ich verspreche dir, da gibt es gewiss etwas)? Was mag oder liebe ich gar an mir?

Wenn diese Zeilen beim Lesen dein Herz noch nicht erreichen, sei gnädig mit dir. Selbstliebe ist ein Prozess. Je mehr du dich mit dir beschäftigst, desto näher kommst du dir selbst.

Gerne darfst du dir hier Notizen machen:

Wer bin ich?

_____

_____

_____

Was kann ich gut?

_____

_____

_____

Was liebe ich an mir?

_____

_____

_____

Was sollte ich noch über mich wissen?

_____

_____

_____

Menschen brauchen Berührungen, Liebe und Zärtlichkeit. Liebe ist etwas Wunderschönes. Selbstliebe ist etwas Wunderschönes. Mehr kann ich an dieser Stelle nicht sagen.

Zufriedenheit und Selbstliebe

Ich lade dich ein, diese Phantasiereise zu machen, die ich selbst geschrieben habe. Sie trägt den Titel *Ich schaffe mir eine Traumwelt, die nur mir gehört.* Vielleicht gibt es auch jemanden, der sie dir langsam vorliest. Ach ja, meine Phantasiereise habe ich bereits in meinem Buch *Das Gespräch am Strand. Eine Erzählung über die Selbstliebe* veröffentlicht:

»Draußen ist ein wunderschöner Sommertag, weshalb du beschließt, einen ausgedehnten Spaziergang zu machen. Da du der wichtigste Mensch in deinem Leben bist, geht es heute nur um eine Person: um dich. Mit einem sanften Lächeln im Gesicht und erfüllt von Fröhlichkeit machst du dich auf den Weg. Um den Boden unter deinen Füßen zu spüren, entscheidest du dich, barfuß zu gehen. Vor dir erstreckt sich eine weite, saftig grüne Wiese, deren frischen Duft du einatmest. Du drehst dich um und stellst fest, dass du mit deinen Füßen leichte Abdrücke im Boden hinterlassen hast. Ein leichtes Schmunzeln zaubert sich in dein Gesicht. Du nimmst das Plätschern eines Baches wahr und gehst daneben her, während du aufgrund des Wassergeräusches innerlich ruhig wirst. Völlig verträumt gehst du durch die grüne Landschaft, bis dir ein zugewachsenes Gartentor auffällt. Aufgeregt gehst du darauf zu und bleibst davor stehen. Es ist ein altes braunes Gartentor, das dort schon Jahrzehnte stehen muss. Dir fällt ein Schild auf, auf dem in kaum mehr lesbarer Schrift ›Geh durch mich hindurch.‹ steht. Lächelnd öffnest du das Tor. Vor dir erstreckt sich eine Traumwelt, dein perfekter Wohlfühlort. Du trittst ein und befindest dich nun in einem Garten, der all deine fünf Sinne ansprechen wird. Voller Vorfreude schließt du das Tor.

Dein Blick wandert durch den Sinnesgarten und bleibt bei einem kleinen Feld voll von Blumen stehen. Ganz nah trittst du heran und atmest den frischen Blumenduft ein. Du lächelst. In ihrer vollen Farbenpracht erfreuen die bunten Blumen dein Gemüt. Etwas länger verweilt dein Blick auf einer Sonnenblume. Sie steht da vor dir in leuchtendem Gelb und erfreut dich. Du denkst nach … Über Nacht lässt sie ihren Kopf hängen, um am nächsten Morgen wieder ganz groß und schön zu werden. So ist es auch mit dem Leben: Es gibt schöne Tage und Tage, an denen du deinen Kopf hängen lässt. Immer, wenn es mal nicht so läuft in deinem Leben, mach dir klar, dass nach unschönen Tagen wieder Wonnetage folgen. So ist das einfach: Es gibt gute und schlechte Tage, und nach jedem schlechten Tag folgt wieder ein guter. Entspannt wandert dein Blick weiter. Du siehst rote Himbeeren und näherst dich den Himbeersträuchern. Du kannst es nicht lassen und probierst eine. Du nimmst den süßen Geschmack der Beere wahr und erinnerst dich an die süßen Seiten im Leben mit guter Stimmung. Genauso gibt es saure und bittere Beeren, die dich an die weniger schönen, die sauren und bitteren Seiten im Leben erinnern. Auch die sind völlig willkommen. Mach dir stets klar, dass nach jedem sauren oder bitteren Tag wieder ein süßer Tag mit positiver Stimmung folgt. Deine Aufmerksamkeit wird nun auf das Zwitschern der Vögel, die voller Freude durch die Luft tanzen, gelenkt. Ebenso hörst du ein Klangspiel mit wunderbaren Tönen: mal hell, mal dunkel, mal hoch und mal tief. So ist es auch im Leben: Es besteht aus Höhen und Tiefen, und nach jedem Tief folgt wieder ein Hoch. Dein Blick wandert weiter und bleibt bei einem Stuhl stehen, der dich einlädt, dich zu setzen. Du spürst den Stuhl unter deinem Körper und schließt deine Augen. Die Sonne kitzelt dein Gesicht und der Wind berührt sanft deine Haare. Voller Freude und Lächeln genießt du den Moment. Du bist ganz im Hier und Jetzt. Ein Hundewelpe, der sich nur für dich in dem Garten befindet, hüpft spielend um deine Füße. Entspannt setzt du ihn auf deinen Schoß und fühlst seine Wärme und sein weiches Fell. Du streichelst ihn und spürst Geborgenheit, die sich in einem warmen Gefühl in deinem Körper äußert. Der kleine Hund springt von deinem Schoß und hüpft von dannen. Anschließend lässt du deinen Blick über den Horizont schweifen und genießt die untergehende Sonne. Der Himmel nimmt die Farben Lila, Rosa, Gelb, Orange und Rot an und der wunderschöne Sonnenuntergang macht dir deutlich, wie bunt das Leben ist. Voller intensiver und neuer Eindrücke machst du dich auf den Weg zurück. Du öffnest das alte braune Tor, das dich in den Garten geführt hat, und verlässt ihn wieder. Du gehst wieder neben dem plätschernden Bach her und wendest deinen Blick ein letztes Mal zurück, stellst aber nur fest, dass der Garten immer kleiner wird, bis er schließlich ganz verschwindet, so, als wäre er niemals da gewesen. Es macht dich fröhlich, denn dieser Traumgarten war nur für dich da: für die wichtigste Person in deinem Leben. Vergnügt und reich beschenkt, machst du dich nun auf den Weg zurück.«

Welche Erfahrungen habe ich gemacht?

Zufriedenheit und Glück

In der *VR future* vom März 2018 steht ein Artikel über die glücklichen Finnen: »Warum die Menschen im hohen Norden so glücklich sind.« Finnland ist ein Land, in dem es sehr viel Natur gibt: »Natur in Hülle und Fülle erleben – nicht nur das macht die Finnen glücklich.« Folgende Glücksfaktoren werden hier genannt: »Natur, Alleinsein und Sauna.« Laut dem »Weltglücksbericht 2017 der Vereinten Nationen sind sie das glücklichste Volk der Welt.« Da es in Finnland sehr viel Natur gibt, verwundert es nicht, »dass die Finnen sehr viel Zeit an der frischen Luft verbringen – ob mit Schlittenfahrten durch zugeschneite Wälder, ausgiebigen Spaziergängen oder beim Freiluftbaden im Mittsommer.« Hinzu kommt, dass »das Land sehr dünn besiedelt« ist, so »teilen (…) [sich] in Finnland gerade mal 16 [Einwohner einen Quadratkilometer]. Daher wird auch das Alleinsein genossen.« Außerdem »frönen die Finnen auch manchmal dem ›Kalsarikännit‹: dem zwanglosen Gefühl, gemütlich zu Hause zu entspannen – ohne den Druck, unbedingt ausgehen zu müssen. Alleinsein als Teil des Glücksgefühls.« Saunaweltmeister sind die Finnen wohl auch. »Und: Die Finnen scheinen in vielen Dingen einfach gelassener zu sein – was zum Teil wohl auch an ihrem großen Vertrauen in den Staat liegt. Für ein hohes Maß an sozialer Sicherheit, kostenlose Bildung sowie ein gut funktionierendes Gesundheitswesen akzeptieren sie sogar vergleichsweise hohe Steuern.« Es wird auch ein Rat gegeben, was wir von den Finnen lernen können. »Das Glück der Finnen hat also mehrere Ursachen, von denen sich einige auch auf Deutschland übertragen lassen. Zum Beispiel wie wichtig es ist, einen guten Ausgleich zum Alltag zu finden.«

Jeden machen andere Dinge glücklich. Was mich glücklich macht, nenne ich immer wieder einmal. Jetzt bist du dran: Was macht dich glücklich?

Das macht mich glücklich:

Sei nicht traurig, wenn hier noch nichts oder nur sehr wenig steht. Wichtig ist, dass du dranbleibst, Geduld hast und weitermachst.

Manchmal, da gibt es auch glückliche Zufälle. Nun, manche Dinge sollte man planen, andere dem Zufall überlassen. Wenn man allerdings zu viel plant, verpasst man möglicherweise bereichernde Zufälle. Jemand empfahl mir einmal, mich mit Serendipität zu beschäftigen. Die freie Enzyklopädie *Wikipedia* sagt, Serendipität sei eine zufällige Beobachtung von etwas ursprünglich nicht Gesuchtem, das sich als neue und überraschende Wendung erweist. Wenn man sich nur auf das große Glück, das große Ziel oder was auch immer konzentriert, übersieht man die kleinen Dinge, die so toll sein können, dass sie einem für immer in Erinnerung bleiben. Ist es nicht wundervoll, eine Raupe beim Spazierengehen oder eine Biene auf einer Blüte zu beobachten?

Wer ist der wichtigste Mensch in deinem Leben? Richtig, du selbst! Du selbst und niemand anderes! Und Überraschungen, die man mit sich selbst oder jemand anderem erlebt, können doch etwas Wunderbares sein!

Zufriedenheit und Natur

Natur ist einfach schön. Wie heißt es so schön: »Nichts ist so beständig wie der Wandel.« Die Natur bietet uns so viel. Frühling, Sommer, Herbst und Winter. Im Laufe des Jahres blüht sie, wird bunt und grün und ruht unter dem winterlichen Schnee (je nachdem, wo man wohnt). Da ist so viel Grün in der Natur, das Körper, Geist und Seele beruhigt. Die Natur kannst du mit deinen fünf Sinnen wahrnehmen. Ich lade dich ein, dir Notizen zu machen, wenn du das nächste Mal draußen bist:

1. **Sehen: Was sehe ich?**
   Gewässer? Pflanzen? Tiere? Wolken?
   Welche Farbe haben sie?

   _____

   _____

   _____

   _____

2. **Hören: Was höre ich?**
   Das Zwitschern der Vögel? Den Wind? Muhende Kühe? Wiehernde Pferde?

   _____

   _____

   _____

   _____

3. Was rieche ich?
Duftende Blumen? Frisch gemähtes Gras? Landluft? Raps?

_____

_____

_____

_____

4. Was fühle oder spüre ich?
Wasser? Wind? Regen? Schnee?

_____

_____

_____

5. Was schmecke ich?
Gemüse? Honig? Kräuter? Obst?

_____

_____

_____

Vor ein paar Jahren habe ich bei einer geführten Wanderung in Südtirol mitgemacht. Die Sonne hat wenig geschienen, was ich schade fand. Stattdessen war es kalt und nass. Es hat geregnet und es war stürmisch und windig. Daraufhin hat die Wanderführerin etwas gesagt, was ich sehr beeindruckend fand: Es ist besonders, wenn die Sonne nicht scheint, denn so behält man sich den Tag besser in Erinnerung. Außerdem werden die Stimmungen des Wetters widergespiegelt. Das Wetter hat verschiedene Stimmungen, so wie man sie im Leben auch hat. Auch im Leben scheint nicht immer die Sonne, das ist die Realität. Das sind Gefühle. Außerdem ist es die Philosophie des Wanderns, langsam zu gehen und die Natur anzuschauen. Noch heute habe ich sehr detailreiche Erinnerungen an diese wunderbare Wanderung.

Wir haben so viele Möglichkeiten, um die Natur genießen, sei es bei ausgiebigen Spaziergängen, beim Kneippen, Sport, Waldbaden oder Wandern. Jederzeit haben wir die Möglichkeit, uns an Flecken in der Natur zu begeben, die uns einfach guttun. Es ist bewiesen, dass die Natur förderlich für unsere Gesundheit und unser Wohlbefinden ist.

Zufriedenheit und Entspannung

Entspannungsmethoden

Als Pädagogin und Entspannungspädagogin habe ich mich nicht nur theoretisch und wissenschaftlich mit Entspannung auseinandergesetzt, sondern auch praktisch. Es gibt sehr viele Entspannungsmethoden, die glücklich und zufrieden machen können. Vorher durftest du dich schon bei einer Phantasiereise entspannen. Ich hoffe, du konntest ein wenig abschalten. Wenn nicht, dann hab bitte Geduld. Entspannung geht nicht unbedingt von heute auf morgen. Entspannung muss nicht viel kosten. Mit Entspannung kannst du dir etwas Gutes tun. Du kannst dich mit einer Klopf- oder Nackenmassage verwöhnen oder mit einem Entspannungsbad. Wenn du stolzer Besitzer einer Badewanne bist, ist es nicht einmal nötig, ein teures Wellnesswochenende zu machen. Die kleinen Entspannungspausen kannst du dir zu jeder Zeit gönnen.

Es gibt sehr viele Entspannungsmethoden. Im Folgenden nenne ich ein paar Beispiele:

- Atemübungen
- Autogenes Training
- Massagen
- Meditation
- Phantasiereisen
- Progressive Muskelentspannung

Was hatte ich schon Glücksmomente: Einfach nur in der Natur sitzen. Erst vorher brauchte ich eine Schreibpause und habe mich einfach ans Wasser gesetzt. Folgende Notizen habe ich mir gemacht:

Ein Marienkäfer krabbelt über meine Arme und Hände. Ich genieße und spüre seine auf meiner Haut kitzelnden Bewegungen. Der Herbstwind weht durch meine Haare. Ich beobachte die Fische im Wasser. Die warme Sonne scheint in mein Gesicht. Ich nehme ein paar tiefe Atemzüge und werde ruhiger.

Das hat mich nichts gekostet. Dazu musste ich einfach nur ein paar Schritte hinaus in die Natur gehen und sie achtsam und mit meinen Sinnen wahrnehmen. Mich macht es auch schon glücklich, mich einfach nur mit solchen Themen zu beschäftigen. Entspannung, Glück, Wohlbefinden und Zufriedenheit sind schöne Wörter. Schon beim Lesen dieser Wörter muss ich einfach lächeln.

Diese Entspannungsmethoden wende ich an:

_____

_____

_____

_____

Diese Entspannungsmethoden möchte ich ausprobieren:

_____

_____

_____

_____

Ich lade dich ein, die Übung *Warme Hände* zu machen, die ich für dich geschrieben habe:

Warme Hände

Bitte nimm deine Brille ab, falls du eine trägst.
Wenn du magst, kannst du deine Augen schließen.
Atme dreimal tief ein und aus.
Reibe jetzt deine Hände aneinander, sodass Wärme erzeugt wird, und lege sie so auf deinen Oberschenkeln ab, dass es bequem für dich ist.
Fühlst du die Wärme in deinen Händen?
Wie fühlt sie sich an?
Wie fühlen sich deine Hände an?
Wandere nun in deine rechte Hand.
Fühlt sie sich anders an als deine linke?
Was passiert, wenn du deine Hände wie eine Schale ineinanderlegst?
Beende die Übung, indem du erneut deine Hände aneinander reibst und deine Handflächen in dein Gesicht legst.
Genieße den Moment.
Genieße die Wärme.
Nimm erneut drei tiefe Atemzüge, öffne langsam deine Augen, falls du sie geschlossen hattest, bewege und strecke dich und komme mit einem inneren oder äußeren Lächeln wieder im Hier und Jetzt an.

Wie ging es mir bei dieser Übung? Was habe ich wahrgenommen?

_____

_____

_____

_____

_____

_____

_____

_____

_____

_____

_____

_____

_____

_____

_____

_____

_____

_____

_____

_____

Vielleicht musstest du sogar lächeln. Und falls nicht: Nimm es an.

Zufriedenheit und Lächeln

Apropos lächeln: Auch das kostet nichts. Wie schön es doch ist, jemandem zuzulächeln oder ein Lächeln geschenkt zu bekommen. Bei einem Ausflug nach München habe ich auch gelächelt, ich ziehe oft dasselbe Programm ab: Ich bummle durch die Innenstadt und gönne mir einen frisch gepressten Saft auf dem Viktualienmarkt. Die Sonne schien, also stand ich einfach nur da, mitten unter den Menschen, schloss meine Augen und genoss die warmen Sonnenstrahlen in meinem Gesicht. Ich lächelte. Und ich merkte, dass viele Menschen es nicht taten. Sie lächelten einfach nicht. Lächeln ist nicht schwer. Wenn ich mal nicht so gut drauf bin, stecke ich einfach meinen Finger zwischen meine Zähne, meine Mundwinkel bewegen sich sofort nach oben, Signale werden an mein Gehirn gesendet und mir geht es gleich besser. Wenn auch nur ein wenig, aber besser als nichts. Ich mache das sehr gerne: lachen, lächeln, grinsen, kichern und strahlen. Alleine beim Schreiben dieser Wörter muss ich lächeln. Lächeln macht glücklich. Lächeln ist schön. Die Menschen sollten viel öfter lächeln. Lächeln ist gesund. Lächeln verbreitet gute Laune. Gönne es dir: Lächle. Lächeln ist toll. Ich lade dich zum Lächeln ein bei der von mir selbst geschriebenen Übung *Inneres Lächeln*:

Inneres Lächeln

Vesuche doch mal, innerlich zu lächeln.
Du bist entspannt und zufrieden.
Eigentlich ist die Welt doch ganz in Ordnung.
Lächle.
Sei es dir wert.

Lächle und werde frohe und frei.
Genieße diesen Moment.
Niemand kann ihn dir nehmen.

Gerne darfst du dir hier Notizen machen:

_____

_____

_____

_____

_____

_____

_____

_____

_____

_____

Es ist nicht immer alles »Friede, Freude, Eierkuchen«. Bei wem ist es das schon? Wenn es mal nicht so gut läuft, kann es sich als sehr hilfreich erweisen, sich selbst ein Lächeln zu schenken, ein leichtes Lächeln. Vielleicht magst du dich vor einen Spiegel stellen. Lächle dir einfach mal zu. Möglicherweise geht es dir danach schon viel besser. Du kannst auch laut lachen, dadurch atmest du tiefer aus und nimmst zugleich mehr Sauerstoff in deinen Körper auf, was dich lebendiger werden lässt.

Zufriedenheit und Lesen

Das dänische Wort für das bayerische Pendant *Gemütlichkeit* ist *Hygge*. Ich habe ein Buch über Hygge gelesen und schon beim Lesen musste ich lächeln. Lesen macht glücklich. Lesen macht intelligent, schlau und weise. Ich lerne dazu. Wichtige Werte von mir sind lebenslanges Lernen und Weisheit. Da bin ich auf meinen zweiten Vornamen Sophia ganz stolz, der ja nichts anderes als Weisheit bedeutet.

Ich lade dich zuerst ein, zu erforschen und zu lesen, was dein Name bedeutet.

Was bedeutet mein Name?

_____

_____

_____

_____

_____

Auf der Rückseite des von Meik Wiking geschriebenen Buches *Hygge. Ein Lebensgefühl, das einfach glücklich macht* steht: »Hygge ist ein dänisches Wort mit vielen Bedeutungen, von *Kunst der Innigkeit* über *Gemütlichkeit der Seele* und *Abwesenheit jeglicher Störfaktoren* bis hin zu *Freude an der Gegenwart beruhigender Dinge*, *gemütliches Beisammensein* oder gar *Kakao bei Kerzenschein*. Hygge ist warmes Licht und ein kuscheliges Sofa, Picknicken im Sommer und Glögg trinken im Winter. Und Hygge ist eine Haltung, die man lernen kann!«

Schon wieder habe ich beim Lesen Informationen über die schönen Dinge im Leben gewonnen. Tatsächlich stellte ich schon während der Lektüre des Buches fest, dass ich selbst schon ein sehr hyggeliges Leben führe. Die intensive und jahrelange Auseinandersetzung mit Glück, Wohlbefinden und Zufriedenheit hat mich selbst zu einem sehr zufriedenen Menschen werden lassen. Falls jetzt ein falsches Bild entsteht: Nein, ich bin nicht andauernd am Lachen und von früh bis spät glücklich. Ja, ich habe viele Glücksmomente. Ja, ich bin auch manchmal unglücklich. Es gibt Momente, da bin ich ängstlich, traurig oder wütend. Wie das Leben eben so ist. Aber alles in allem und trotz aller Umstände bin ich mit meinem Leben zufrieden.

Ich lade dich ein, dir zu notieren, welche Bücher du gerne liest oder gar, welche Erkenntnisse du dadurch gewonnen hast:

Ich lese gerne:

_____

_____

_____

_____

_____

_____

_____

Diese Erkenntnisse habe ich gewonnen:

_____

_____

_____

_____

_____

_____

_____

_____

_____

_____

_____

_____

_____

_____

_____

_____

_____

_____

_____

_____

_____

_____

_____

_____

Zufriedenheit und Bewegung

Ich gehe sehr gerne spazieren. Wenn ich beispielsweise in München bin, gehe ich immer wieder in den Englischen Garten und Hofgarten. Wenn im Winter Schnee liegt, dann kam es auch schon vor, dass ich barfuß in den Eisbach oder durch den Schnee gegangen bin. Im Sommer kühle ich meine Füße im Eisbach ab. Als Kind und Jugendliche war ich sportlich sehr aktiv: Im August 2009 wurde ich hinter der späteren Olympionikin Gesa Felicitas Krause und einer weiteren sehr guten Läuferin Dritte Deutsche Jugendmeisterin über 1.500 m Hindernis. Noch heute bin ich sehr stolz darauf, denn ich habe wahrlich viele Hindernisse überwunden. Nicht nur im Sport. Ich erzähle das, weil man aus seinen Erfolgen kein Geheimnis machen muss. Man darf sie anderen erzählen. Wenn es gut läuft, freuen sich andere mit einem.

Ich war sehr ehrgeizig, habe im zarten vorpubertären Alter um die sechsmal pro Woche trainiert, sei es bei meinem Verein oder alleine. Für eine heranwachsende junge Frau ist das sehr viel, aber ich muss sagen: Ich war niemals krank. Die Bewegung, der Sport, der meine große Leidenschaft war, und die viele frische Luft haben mich zufrieden gemacht. Ja, es war nicht immer einfach, aber ich bin verdammt stolz auf mich. Ich reifte zu einer jungen Frau heran, es kamen Eisen- und Magnesiummangel hinzu und mein Körper wollte nicht mehr so, wie ich es wollte: Ich brachte keine Leistungen mehr. Dann kam noch hinzu, dass das andere Geschlecht interessanter für mich wurde, zudem ließ auch mein Ehrgeiz nach. Irgendwann hatte ich keine Freude mehr am Sport, keinen Spaß mehr am Laufen. Ich tat es aus Zwang und das war nicht gut. Dennoch bin ich unheimlich stolz auf mich. Auch Kampfsport habe ich schon gemacht: Auspowern, Energie tanken und schwitzen. Tango getanzt habe ich ebenso. Manchmal, da klopfe ich auch meinen Körper ab, massiere meinen Nacken oder lächle. Das macht mich zufrieden.

Nun lade ich dich ein, dir zu notieren, wie du dich bewegst oder was du für einen Sport machst. Selbst wenn es Spielen oder Tanzen ist, notiere es. Selbst wenn es noch nichts gibt, was du auf deine Liste schreiben kannst: Gib dir Zeit, das ein oder andere Hobby wird schon kommen.

So bewege ich mich:

Zufriedenheit und Musik

Ich höre alles Mögliche an Musik. Von aktuellen Hits über Latein-amerikanisch bis Jazz ist vieles dabei. Jazz ist beruhigend. Jazz lässt mich träumen. Jazz macht mich glücklich. Im Winter 2018 habe ich mir ein paar Wochen eine Auszeit in einem bayerischen Kloster genommen. Ein emeritierter Musikprofessor nahm sich auch für ein paar Tage eine Auszeit. Ich war fasziniert von diesem Mann, vor allem aber von seinem Gesicht. Er strahlte mit seinen Augen. Er hatte so viele Fältchen neben seinen Augen und strahlte so eine Gelassenheit und Zufriedenheit aus, die mich ansteckte. Die mit Abstand wenigsten Menschen, denen ich bisher in meinem Leben begegnet bin, hatten eine derart authentische Ausstrahlung. Er wirkte auf mich wie der 14. Dalai Lama Tenzin Gyatso. Ich selbst habe als Kind und Jugendliche jahrelang Klavier gespielt. Ich hatte einige Auftritte und denke noch heute an diese Zeit zurück, in der ich auch einige Erfolge feiern durfte. Wenn man ein Instrument spielt, kann man in einen Zustand von Glückseligkeit kommen, wie ich finde. Am schönsten ist es, wenn man so sehr vertieft in das Musizieren ist, dass man die Zeit irgendwann vergisst. Musi-zieren heißt für mich nicht zwingend, ein Instrument zu spielen. Es besteht auch die Möglichkeit, in einem Chor zu singen. Ich habe während meiner Schulzeit und meines Auslandssemesters in Italien zweitweise in Chören gesungen. Singen macht glücklich. Und wenn es schöne Lieder sind – ich die Musik fühle – bekomme ich durchaus Gänsehaut am ganzen Körper. Kaum zu glauben, an welchen Stellen ich schon Gänsehaut hatte. So ist das bei mir jedenfalls. Wenn man nicht extra ein Instrument lernen oder im Chor singen möchte, kann man auch einfach Musik hören, das mache ich schon mal stundenlang am Stück. Da kommt es schon mal vor, dass ich durch meine Wohnung tanze. Musik kann je nach Lied die jeweils da seiende Emotion untermalen. Beim Hören von Musik kann man abschalten. Man kann zeitweise Dinge vergessen. Durch Musik kann man seinen Emotionen freien Lauf lassen. Man kann sich freuen oder weinen. Mit Musik kann man träumen und wer weiß, was noch alles.

Ich lade dich ein, dir Notizen zu machen, wie du Musik erlebst und was sie mit dir macht:

Diese Musik mache ich (Instrumente oder singen):

_____

_____

_____

_____

Diese Musik höre ich:

_____

_____

_____

_____

Das macht Musik mit mir:

_____

_____

_____

_____

Zufriedenheit und meine Philosophie

Ich möchte kurz abschweifen und auf einen Buchtitel des Autors Robert Betz eingehen: *Willst du normal sein oder glücklich*. Ich finde, es wird einem vorgegaukelt, dass man, wenn man sich nur genug anstrengt, glücklich sein kann. Das ist Humbug. Ich möchte es anders formulieren: *Willst du glücklich sein oder normal*. Das hört sich zuerst weniger schön an. Was meine ich mit normal: Für mich bedeutet normal nicht nicht glücklich. Aber wenn man sich die unterschiedlichen Gefühle ansieht, so gehören doch alle zum Leben dazu. Es ist normal, glücklich zu sein. Es ist normal, auch mal traurig zu sein. Es ist normal, gekränkt oder wütend zu sein. Gefühle machen uns Menschen doch aus. Ich möchte dir an dieser Stelle meine Philosophie mitgeben, die ich für mich selbst einmal formuliert habe:

Das echte Leben. Offline. Selbstinszenierung tabu. Begegnung mit dir selbst. Authentisch sein. Wahrhaftig. Aufrichtig. Du musst nicht jeden Morgen mit einem Lächeln aufstehen. Du darfst auch mal traurig sein. Schwäche zeigen und dadurch Stärke zeigen. Du sein. Ohne Maske. Keine Fassade. Dich als den wundervollen Menschen, der du bist, akzeptieren. Unperfektsein akzeptieren. Du bist wertvoll. Natur ist schön. Im Moment sein. Ohne Druck. Da sein. Kein Zwang. Statt schneller-höher-weiter zufrieden sein. Annäherung an dich selbst. Du wundervolles Wesen. Echt sein.

Facebook. Instagram. Pinterest. Immer mehr Menschen registrieren sich auf *sozialen* Netzwerken und stellen sich dar. Sie posten Fotos, um einen Like zu bekommen. Viele Menschen denken, das sei das *echte* Leben. Es gibt Menschen, die tun das, damit sie sich besser fühlen. Zu Marketingzwecken registrieren Menschen sich auf Instagram, machen Fotos von sich oder erstellen Podcasts oder Videos. Das Leben findet zunehmend online statt. Und es gibt noch mehr Menschen, die vor ihrem Medium hängen, um sich das anzusehen. Leider. Viele Menschen sind begeistert davon und folgen Menschen, die das tun. Ich bin überzeugt davon, dass es hier und da Menschen gibt, die genauso denken wie ich, denen das *echte Leben* wichtiger ist. Menschen, die von Auge zu Auge, von Gesicht zu Gesicht kommunizieren. Menschen, die sich in die Augen blicken, in echt. Menschen, die die echte Kommunikation bevorzugen, menschlichen Kontakt. Menschen, die miteinander lachen, leben und lieben. Ich bin überzeugt von dem, was ich tue. Wenn hundert Menschen sagen würden: »Das ist Schwachsinn, was du da machst«, dann sage ich: »Das ist mir egal.« Mich bringt von meinem Weg niemand ab. Ja, es ist doch so: Es gibt eine Bewegung und dann gibt es eine Gegenbewegung. Ich bin definitiv Teil der Gegenbewegung. Ich wehre mich dagegen, Facebook, Instagram oder Pinterest zu benutzen. Ich bin überzeugt davon, dass es in Zukunft wieder eine Bewegung hin zum Offline geben wird. Wer weiß, wann das ist. Aber es wird soweit sein. Nach der Instagram- und Online-Welle wird die Offline-Welle folgen. Und dann werde ich gewappnet sein. Mir ist das echte Leben, das schöne Leben mit Herz, wichtig. Das Herz als Symbol ist ein sehr schönes Symbol. Herz, das bedeutet Gefühl. Vor lauter Leistungs- und Erfolgszwang hören immer mehr Menschen auf, auf ihr Herz zu hören. Der Mensch ist ein Lebewesen, er hat Gefühle. Gefühle zeichnen uns Menschen doch aus, warum also schämen sich viele Menschen dafür? Jemand hat mal zu mir gesagt, dass so etwas in der Art bei Unternehmen nicht ankommen würde, da geht es doch um Leistung, da haben Herz und Liebe nichts verloren. Auch in Unternehmen – richtig – arbeiten Menschen mit einem Herz, mit

Gefühlen. Viele mögen das belächeln. Immer mehr Menschen erkennen aber, wie wichtig Gesundheit und vor allem man selbst ist. Warum werden immer mehr Menschen krank? Weil sie aufhören, auf ihr Herz zu hören. Leistung. Digitalisierung. Medialisierung, Smartphonisierung – wie ich es nenne –, … all das lenkt den Menschen ab und bringt ihn dazu, immer überheblicher zu werden. Nur vergisst der Mensch, der sich immer mehr über die Natur stellt, dass er der Natur und damit sich selbst immer mehr Lasten aufbürdet. Je mehr der Mensch an Macht anstrebt, desto mehr wird er an Macht verlieren. Warum gibt es Naturkatastrophen? Mit Sicherheit nicht, weil die Natur nicht gut ist. Der Mensch leistet sich viel und die Natur reagiert darauf. Sie kann nicht anders. Auf eine Reaktion folgt gewöhnlich eine Gegenreaktion. Durch die immer höheren Erwartungen, die der Mensch an andere und an sich selbst stellt, verliert der Mensch immer mehr den Zugang zu seinem Wesenskern – zu seinem Herzen. Im Leben braucht es wieder mehr Herz. Mehr echte Begegnungen. Mehr Miteinander. Mehr Füreinander. Jeder muss zuerst sich selbst – sein Herz – lieben, damit er auch andere lieben kann. Insgeheim aber weiß doch jeder Mensch, dass er sich auf sich einlassen sollte, was heutzutage die größte Angst eines jeden sein kann. Durch so viel Vernunft, Leistungsdruck und Macht hat der Mensch sich selbst aus den Augen verloren. Er muss erst einmal lernen, sich sich selbst wieder anzunähern und sich einzugestehen, dass der Mensch im Gegensatz zu einem Jahrhunderte alten Baum ein kleines Wesen voller Demut ist. Das ist der Mensch: Ein Lebewesen, das ein Herz hat, fühlt und teilweise Angst vor dem Fühlen – Angst vor sich selbst hat. Was ist das Ergebnis des Ganzen: Der Mensch bringt sich selbst in Bedrängnis, konstruiert mittels Digitalisierung, Medien, Technik und Künstlicher Intelligenz Roboter, die das Gegenteil von einem fühlenden Menschen sind. Der Mensch konstruiert und kontrolliert, ohne zu bedenken, dass das Gegenteil von Kontrolle Kontrollverlust ist. Ich bin überzeugt davon, dass es sehr vielen Menschen an Liebe – an Liebe zu sich selbst – mangelt. Liebe ist der einzige Weg zum Frieden in einer Welt voller Krieg und Unsicherheiten. Liebe war immer da, ist immer da und wird immer da sein. Nur sollte der Mensch wieder mehr Zugang zu seinem Herzen finden, um Liebe in sein Leben zu lassen. Schönes Leben mit Herz, das ist mein Motto. Ich bin überzeugt davon und weiß, dass immer mehr Menschen, auch wenn sie sich verstecken, zurück zu einem Leben mit Herz und Liebe finden werden. Es gibt sie. Nur sind sie in der Minderheit. Es braucht sie und es wird bald soweit sein, dass diese Menschen zueinander finden, sich helfen, lieben und Liebe wieder mehr verbreiten werden. Und ich weiß, dass immer mehr Menschen den Mut haben werden, sich dieser rasanten Schnelligkeit zu widersetzen. Also: Das Leben ist ein schönes Leben mit Herz.

Ich hoffe, du kannst jetzt ein wenig besser nachvollziehen, was ich mit *normal* meine. Viele Menschen verdienen sich ein goldenes Näschen, indem sie anderen vorgaukeln, dass man so richtig glücklich sein kann. Immer. Zu jeder Zeit. Ich gebe ehrlich zu, dass sie in gewisser Hinsicht nicht ganz Unrecht haben. Aber manches weicht von der Realität definitiv ab. Ich liebe meine Gefühle und was wäre das Glück ohne die Trauer, die wie das Glück zum Normalsein dazugehört. Da bin ich doch lieber normal, was eher der Realität entspricht, als dem illusorischen dauerhaften Glück hinterherzulaufen.

Ich hoffe, ich konnte dich ein wenig inspirieren. Ich lade dich ein, dir wichtige Erkenntnisse zu notieren. Wer weiß, vielleicht hast du sogar deine eigene Philosophie, die bereits existiert oder noch in dir schlummert. Vielleicht wartet sie noch auf ihre Entdeckung oder gelangt soeben in dein Bewusstsein. Hier hast du die Möglichkeit, sie heraussprudeln zu lassen. Es muss auch nicht gleich eine Philosophie sein, es können auch Aha-Erlebnisse sein oder einfach Dinge, die dir gerade in den Kopf kommen.

Das ist meine Philosophie:

_____

_____

_____

_____

_____

_____

_____

_____

_____

_____

_____

_____

_____

_____

_____

_____

_____

Zufriedenheit und Stolz

Jeden machen andere Dinge stolz. Was mich stolz macht, habe ich dir teilweise schon mitgeteilt. Aber du musst nicht alle Dinge wissen, auf dich ich stolz bin. Manche Dinge behalte ich für mich.

Im Januar 2019 schickte meine Schwester mir einen abfotografierten Spruch: »Denn ich weiß, dass ich selbst mein Zuhause bin, und solange ich mich nicht selbst verlier', werde ich niemals heimatlos sein.« (© Clara Louise). Das ist auch wichtig: dass man auf sich schaut, sich auf sich selbst fokussiert, in gesundem Maß. Dass man sich auch mal auf die Schulter klopft, zu sich aufblickt und sich selbst dafür dankt, was man für wundervolle Dinge leistet. Es ist hilfreich, sich auch mal vor den Spiegel zu stellen und zu sagen: »Mensch, du toller Mensch, was bin ich stolz auf dich!« Man sollte sich öfter mal selbst umarmen. Sich weniger vergleichen. Ja zu sich sagen. Sich gönnen. Gut zu sich sein. Ich könnte so weiter machen. Kurz: Ich habe sehr viel gemeistert. Ich bin sehr stolz auf mein Buch, das du, liebe Leserin, lieber Leser, in Händen hältst.

Worauf bist du stolz? Du darfst dir öfter mal auf die Schulter klopfen und dich selbst loben. Selbstlob stinkt? Schwachsinn. Eigenlob ist schön. Ich lade dich ein, dir zu notieren, worauf du stolz bist.

Darauf bin ich stolz:

_____

_____

_____

_____

_____

Zufriedenheit und Begegnungen

Begegnungen mit anderen Menschen sind so wunderbar. Während meiner Kloster-Auszeit nahmen manche Gäste an einem Kurs teil, wenige aber waren als Einzelgast da. Und ich war nicht der einzige Einzelgast, der im Gärtnereibetrieb mithalf. Alle Menschen, die sich für ein paar Tage oder Wochen eine Auszeit im Kloster nehmen, verband sehr viel: Sie wollten sich einfach mal eine Zeit lang Ruhe gönnen, sich eine Auszeit nehmen und abschalten, wo sie sich nur mit sich selbst beschäftigten: Stille. Ruhe. Zeit. Spaziergänge. Meditation. Und so weiter.

Im Kloster sind Menschen, die sich mit sich selbst beschäftigen, und man fängt an, sich auszutauschen. Im Kloster trifft man sehr viele gleichgesinnte Menschen.

Eine ältere, sehr tolle Dame zum Beispiel brauchte dringend eine Auszeit, da sie sich um ihren kranken Mann kümmerte und kaum mehr Zeit für sich selbst hatte. Zwei weitere Gäste schrieben an ihrer Doktorarbeit und gönnten sich einige Wochen die klösterliche Ruhe, um sich zu sammeln und konzentriert zu arbeiten. Ein junger Mann, der erst Vater geworden war, kam ins Kloster, um sich eine Auszeit zu nehmen, da die Geburt seiner Frau sehr schlimm war, seine Frau an Wochenbettdepressionen litt und ihren Mann nicht so oft sehen wollte. Für den Mann war es nicht schön, denn er wollte doch bei seinem Kind sein, das er aber trotzdem gelegentlich sah. Eine Pastorin nahm sich ebenso eine Auszeit, da sie einige Monate zuvor einen Burnout erlitten hatte, da viele Menschen ihre Grenzen nicht mehr respektierten. Ihrem Mann, der auch Pastor war, ging es ähnlich. Und zwei Kinder haben die beiden auch. An einem Abend – es war eine sehr heitere Runde – entschieden wir, die wir schon länger da waren, uns ein paar Bier im Gewölbekeller des Klosters zu genehmigen. Wir erzählten uns die lustigsten Geschichten und mussten Tränen lachen. Wir scherzten, kicherten und genossen den Abend in vollen Zügen. Was gibt es Schöneres, als Mitglied einer kleinen Gemeinschaft zu sein, gemütlich beisammen zu sitzen und herrlich zu lachen?

Ich liebe das Wort: Lachen. Hach, ist das herrlich. Ich liebe das Lachen. Ich liebe es, mit anderen Menschen zu lachen. Ich muss dermaßen grinsen, wenn jemand anderes eine lustige Geschichte erzählt und sich selbst kaum halten kann. Kennst du das? Man muss nicht unbedingt über die Geschichte selbst lachen, sondern vielmehr darüber, wie derjenige, der sie erzählt, selbst dabei lacht. Das ist so herrlich amüsant.

Was Begegnungen mit anderen Menschen betrifft: Manchmal, da passiert es, dass man völlig unerwartet an einem wunderbaren Ort wunderbaren Menschen begegnet. Begegnungen sind wertvoll und wundervoll. Begegnungen beziehungsweise soziale Kontakte bereichern das Leben. Gute Freunde zu haben, ist wichtig. Ich sage es mal so: Manchmal, da bin ich gerne alleine. Da geht es mir richtig gut. Und manchmal, da brauche ich einfach jemanden um mich herum. Einfach, weil es schön ist. Einfach, weil es wichtig ist. Einfach, weil jedes Baby beziehungsweise jeder Mensch soziale Kontakte braucht, um zu überleben – um am Leben zu bleiben. Aufrichtige Beziehungen, die auf Augenhöhe stattfinden, sind wichtig. Ehrlichkeit und Offenheit. Soziale Kontakte – Familie, Freunde, Bekannte oder Verwandte – können glücklich machen. Sie sind wichtig, um zu lachen. Wichtig, um jemanden zum Reden zu haben. Wenn es einem nicht gut geht, bauen sie einen wieder auf. Ich selbst habe nicht viele Freunde, aber die, die ich habe, sind Gold wert.

Ich lade dich ein, dir zu notieren, welche Begegnungen dein Leben bereichert haben oder bereichern:

Diese Begegnungen bereichern mein Leben:

_____

_____

_____

_____

_____

_____

_____

_____

_____

_____

_____

_____

_____

_____

_____

Zufriedenheit und Alleinsein

Ich habe schon geschrieben, was mich glücklich macht, und fasse die Punkte nochmals kurz zusammen: Mich macht es glücklich, in der Natur zu sein. Ich bin ein sehr naturverbundener Mensch und die Natur gibt mir sehr viel. Außerdem bin ich glücklich, wenn ich mich entspanne, sei es bei einem Spaziergang oder in der Sauna. Oft (nicht immer) bin ich glücklich, wenn ich alleine bin. Denn wenn ich alleine bin, kann ich mich voll entfalten. Ich kann meinen Emotionen freien Lauf lassen. Stell dir vor: Ich weine auch. Manchmal, da bin ich neidisch. Ich bin auch wütend. Ich kann sämtliche Emotionen aufzählen. Das Wichtigste ist: Wenn einem bewusst wird, welche Emotionen gerade vorrangig sind, schwächt das die Emotionen schon ab. Manchmal, da sage ich es einfach: »Ich bin gerade traurig.« Das ist dann wundervoll. Ich liebe es, in meiner Wohnung schöne Musik aufzulegen und zu tanzen oder mitzusingen. Das Tolle ist: Das alles kostet kaum etwas und bringt mehr Zufriedenheit, als man denkt.

Was das Alleinsein betrifft: Bist du gerne alleine? Wann bist du gerne alleine? Wann eher nicht? Hast du Angst vor dem Alleinsein? Kannst du überhaupt alleine sein? Jeder entscheidet das für sich selbst. Es gibt kein Richtig oder Falsch.

Warum ich gerne alleine bin:

_____

_____

_____

_____

Darum habe ich Angst vor dem Alleinsein:

_____

_____

_____

_____

Sonstige Notizen zum Alleinsein:

_____

_____

_____

_____

Wie gesagt, es ist weder gut noch schlecht, ob man alleine sein kann oder nicht. Manchmal, da ist es eben, wie es ist. Wenn du magst, kannst du dich auch damit beschäftigen, warum du gerne alleine bist oder eher nicht. Wenn du Dinge ändern kannst und möchtest, kannst du das tun. Wenn nicht, dann nicht. Du kannst Familie oder Freunde um Rat fragen oder dir professionelle Hilfe holen. Manche Menschen, die können nicht alleine sein, anderen wiederum macht es nichts aus, alleine zu sein. Jeder so, wie es ihm entspricht. Es gibt kein Richtig oder Falsch, kein Gut oder Schlecht. Manchmal, da brauche ich jemanden um mich herum. Soziale Kontakte sind wichtig und ich denke, jeder braucht sie. Jeder entscheidet für sich selbst, was für ihn in Ordnung ist. Manche haben Angst vor sich selbst und brauchen ständig jemanden um sich herum oder flüchten sich in Arbeit, Beschäftigung oder Tätigkeiten. Du bist es wert, dich kennenzulernen, ob mit oder ohne Unterstützung. Andere, die dauerhaft alleine sind, werden traurig. Es ist wichtig, das Maß für sich zu finden. Sich auch mal auf sich selbst zu fokussieren, ohne verbissen zu werden.

Zufriedenheit und Achtsamkeit

Achtsamkeit, das heißt wahrnehmen. Das heißt nicht bewerten. Das heißt teilnehmen. Ich nehme achtsam meine Gefühle und Gedanken wahr, ohne diese zu beurteilen oder zu bewerten. Das gelingt mir nicht immer. Aber ich übe daran. Ich gehe ganz im Moment auf. Ich konzentriere mich auf nur eine Sache. Ich kenne es von mir selbst (nicht immer, aber ab und zu): Während ich eine Serie schaue, esse ich. Wie schön kann es aber sein, ein Gummibärchen beispielsweise mit allen seinen fünf Sinnen wahrzunehmen? Auch das habe ich gemacht und es ist ein Genuss. Ich lade dich ein, dir selbst ein Gummibärchen oder ein Stück Schokolade zu nehmen:

Wie riecht es?

_____

Wie fühlt es sich an? Welche Beschaffenheit hat es?

_____

Welche Größe hat es? Wie sieht es aus?

_____

Wie schmeckt es?

_____

Wie hört es sich beim Kauen an?

_____

Sonstige Notizen:

_____

_____

_____

_____

_____

_____

_____

_____

_____

_____

_____

_____

_____

_____

_____

_____

_____

Zufriedenheit und Akzeptanz

Es ist, wie es ist. – Manchmal muss man die Dinge einfach akzeptieren, um Zufriedenheit zu erfahren. Manche Dinge sollte man ändern, andere hingegen akzeptieren. Es gilt, das rechte Maß zu finden und auch herauszufinden, was sich besser eignet. Manchmal ist es besser, zu akzeptieren, dass es so ist, wie es eben ist. Manchmal sollte man eine Veränderung in Kauf nehmen, damit sich die Umstände verbessern.

Ich akzeptiere, dass ich ein bodenständiger Landmensch bin

Ich habe in diesem Sachbuch verschiedene Themen beleuchtet und auch einige Autoren beziehungsweise Wissenschaftler zitiert. Ich durfte mich mit diesem Thema intensiv auseinandersetzen und bin dankbar dafür, dass dieses Thema auf der Themenliste für Bachelorarbeiten stand. Mir persönlich geht es so, dass ich auf dem Land ruhiger bin als in der Stadt. Ich besuche gerne andere Städte, aber so richtig wohl fühle ich mich auf dem Land. Ich habe nur zwei Minuten zum Naturschutzgebiet, in dem ich mich oft aufhalte: Sei es bei Spaziergängen oder beim Lesen. Im Frühjahr erfreue ich mich an den blühenden Wiesen, im Sommer am vielen Grün, im Herbst atme ich das frisch gemähte und wohlig duftende Gras ein und im Winter hüpfe ich tanzend durch den Schnee (falls der liegt). Wäre ich hier nicht auf dem Land, hätte ich keine wesentlichen Erkenntnisse über Kühe gewonnen: Kühe stehen. Kühle liegen. Kühe gehen. Kühe fressen. Kühe trinken. Ja, Kühe gaffen viel. Und Kühe schlecken sich selbst oder andere gerne ab – Stichwort: Oxytocin. Kühe sind viel in der Natur. Tagsüber und in der Nacht, wochenlang – monatelang. Ich finde, Kühen machen fast alles richtig. Ich sage fast, weil ich nicht weiß, ob sie sicher alles richtig machen. Kühe sind eben Kühe. Und sie denken bestimmt nicht so viel wie wir Menschen. Möglicherweise denken sich auch gar nicht. Was weiß ich. So viel zu Kühen. Und so viel zum Land. Wenn ich in mich hineinhöre, bin ich ein Landmensch. Da bin ich gut aufgehoben. Das akzeptiere ich. So geht es mir gut und so bin ich zufrieden.

Ich akzeptiere mich selbst, so wie ich bin

Mein Grundschullehrer hat mir damals in mein Poesiealbum geschrieben: »Schau nicht, was andere tun, sondern geh deinen eigenen Weg.« Ich muss zugeben: Es fiel mir lange Zeit nicht leicht, denn ich habe oft auf andere geschaut und manchmal passiert mir das immer noch. Auf der anderen Seite muss man auch manchmal auf andere schauen. Aber wenn man einmal weiß, was seine Stärken sind und auch, wie man diese einsetzen und nutzen kann, fällt es einem zunehmend leichter, auf sich selbst zu schauen. Wie heißt es so schön: »Die beste Mutter sorgt zuerst für sich selbst.«
Es braucht mehr Menschen, die so sind, wie sie sind, und ihren eigenen Weg gehen. Es braucht mehr Menschen, die für das Gute kämpfen. Ob die Klimaaktivistin Greta Thunberg keine Angst hat vor dem, was sie tut? Ich weiß es nicht. Sie ist auch nur ein Mensch und mit Sicherheit hat auch sie ihre Schwachstellen. Aber sie kämpft. Sie ist eine unerbittliche Kämpferin, die sich für das Klima einsetzt. Sie geht diesen Weg mit vollem Herzen, der richtig und wichtig ist. Selbst wenn sie bei Politikern aneckt, zieht sie ihr Ding durch. Ihr scheint es egal zu sein, was andere von ihr denken. Sie geht diesen herausfordernden Weg, weil sie weiß, dass es der richtige ist. Ich kann mir nur zu gut vorstellen, was das mit Gretas Selbstwirksamkeit macht. Respekt! Greta ist mutig. Greta ist anders als die meisten

anderen. Greta ist stark. Greta scheint ein Mensch zu sein, der sich seiner Angst stellt. Und wie heißt es so schön oder so ähnlich: »Die Angst vor der Angst ist schlimmer als die Angst selbst.« Wann vergeht kein Tag, an dem nichts Schlimmes in den Medien zu hören, zu lesen oder zu sehen ist? Die Medien verdienen ihr Geld mit solchen Schlagzeilen. Selten ist etwas Positives in den Zeitungen zu lesen. Greta macht Mut und das ist gut. Wenn so etwas in den Medien steht, macht das Mut. Es gibt Hoffnung. Sich selbst treu zu bleiben, ist eine Kunst.

Standhaft wie ein Fels zu sein, das ist schwerer umzusetzen, als es sich liest. Es gibt leider zu viele Menschen auf Mutter Erde, die mit dem Strom schwimmen, den neuesten Trend verfolgen und gefallen wollen. Hier ist es fast nicht erwünscht, man selbst zu sein, denn das will in einer Welt der Selbstdarstellung, in der die Menschen immer mehr zu Schauspielern ihres eigenen Lebens mutieren, niemand sehen. Und so sehr der Mensch ein Rollenmensch ist, so ist es doch wahrhaftig umso bewundernswerter, jemandem zu begegnen, der authentisch – einfach er selbst – ist. Wenn man sich anstrengt und seinen Blick auf diese Menschen richtet, bereichert einen das ungemein. Jeder Mensch sollte hier bei sich selbst beginnen und seinem inneren Wesen entsprechend handeln und authentisch – echt – sein. Es wäre doch zu schade, jemanden darzustellen, der man gar nicht ist.

Ich finde es wichtig, zu kritisieren und zu hinterfragen. Nur wenn man kritisiert und hinterfragt, können Begebenheiten sich verändern. Greta Thunberg bewirkt in der heutigen Welt sehr viel. Sie tut nicht das, was jeder tut. Sie schreitet voran, macht Fortschritt möglich. Nur so kann etwas bewirkt werden. Gäbe es Menschen wie Greta Thunberg nicht, würden schlechte Dinge nicht zum Guten gewendet werden können.

Viele Menschen haben es nicht gern, wenn man hinterfragt. Die

Menschen bevorzugen ihre Komfortzone. Versuchen, einen von Veränderungen abzuhalten, zu schön ist es doch mit den (alten) Mustern. Vor allem unzufriedene Menschen scheinen das zu tun. Wenn man sich aber selbst liebt und mit sich zufrieden ist, ist man weniger neidisch auf andere. Angenommen, es würde nur noch Menschen geben, die sich selbst lieben würden, dann gäbe es weniger Übel. Es gäbe mehr Frieden und Harmonie.

Warum ist man neidisch auf andere? Weil man davon überzeugt ist, dass das, was andere haben, einem selbst zusteht. Aber da sind wir wieder beim Thema: Man ist nur neidisch, eben weil man mehr auf andere fixiert ist als auf sich selbst. So schaut man nur auf das, was andere haben, und stellt fest, dass man so viel im Vergleich zu anderen selbst nicht hat, weshalb man andere aufwertet und sich selbst abwertet. In Wahrheit geht man davon aus, dass andere glücklicher sind, eben weil sie angeblich reicher, schöner und intelligenter sind. Aber sind sie das wirklich? Sind reichere Menschen tatsächlich glücklicher? Bis zu einem gewissen Grad möglicherweise ja. Psychische und physische Krankheiten können jeden Menschen treffen, egal ob arm oder reich. Und sind arme Menschen wirklich unglücklich? Nicht unbedingt, siehe Harari. Vielmehr sollte man auf die Person schauen, die man selbst ist, und auf das, was man selbst (erreicht) hat, so gelangt man gar nicht erst in die Abwärtsspirale des Sich-Abwertens, was zu einem wahren Teufelskreis werden kann. Wenn man von sich selbst in gesundem Maße überzeugt ist, ist man auch weniger neidisch auf andere und fühlt sich selbst wertvoller. Ganz im Gegenteil: Man sollte entgegengesetzt handeln. Menschen, auf die man neidisch ist, sollte man sogar unterstützen oder sich vorstellen, wie sie einem selbst eine Freude bereiten oder wie man ihnen eine Freude bereitet, was diesen ein Lächeln ins Gesicht zaubert. Wichtig ist es, darauf zu schauen, was in einem selbst angelegt ist. Das Beste aus sich zu machen. Aufrichtig sein, authentisch, wahrhaftig. Zu sich stehen. Wenn man fällt, wieder aufstehen. In Bewegung bleiben. Sein Herz sprechen lassen. Auf sein Inneres hören. Ich finde, das ist wichtig: Zugang zu seinem Inneren zu finden.

In der Ausgabe Nr. 2 / 2018 von *Zimmer Eins – Das Patientenmagazin* steht ein Interview mit dem Künstler Friedrich Liechtenstein, der weder Uhr noch Smartphone besitzt. Er sagt: »Die Wurzel des Unglücks ist der Vergleich.« Recht hat er damit! Er sagt auch: »Inzwischen fühlt sich Nichtbesitzen für mich wahnsinnig gut an.« Und: »Daraus ergibt sich auch mein Umgang mit Problemen: Ich befasse mich bestenfalls gar nicht damit. Es steckt quasi in meinen Körperzellen, dass es auch in den schlimmsten Situationen immer noch irgendeine Kraft gibt, die einen wieder auf die richtige Bahn bringt.« Und: »[W]enn ich auf der Bühne stehe, können die Menschen denken, was sie wollen.« »Heute behalte ich selbst im Auge des Orkans die Ruhe.«

In einem Interview mit Dr. Karella Easwaran sagt die Ärztin für Kinder- und Jugendmedizin: »Außerdem habe ich akzeptiert, dass ich nicht perfekt bin. Und das strebe ich auch nicht an. (...) Das ist nicht schlimm. Und ich darf kein schlechtes Gewissen dabei haben! Was ich vor allem gelernt habe: Es gibt nur ganz wenige Gedanken, die man mit sich schleppen sollte. Die meisten Dinge, die wir denken, sind nutzlos und bringen uns nicht voran. Deshalb müssen wir Gedankenhygiene betreiben. So wichtig wie Zähne putzen, duschen und die Haare kämmen ist es, unsere Gedanken zu pflegen. (...) Man kann nicht alles richtig machen. Versuchen Sie es bitte erst gar nicht.«

Dinge, die ich an mir akzeptiere:

_____

_____

_____

_____

_____

_____

_____

Dinge, die ich ändern möchte (aber wirklich):

_____

_____

_____

_____

_____

_____

Manche Menschen (oder auch wir selbst) wollen uns der Bequemlichkeit wegen davon abhalten, uns oder etwas zu verändern. Vermeintlich gut gemeinte Ratschläge können uns daran hindern, die Dinge zum Positiven zu wenden. Finde für dich heraus, was dir persönlich wichtig ist. Es kann hilfreich sein, dass du in dich hineinhorchst oder eine neutrale Person um Rat fragst, der du vertraust. Hilfe holen ist vollkommen in Ordnung!

Zufriedenheit und Freiheit

Blicken wir mehr auf das Wort *Freiheit*. Im *Philosophie Magazin* Nr. 05 / 2018 heißt es: »Wir sind so frei wie nie zuvor in der Geschichte der Menschheit. Und doch fühlen wir uns oft gefangen, erdrückt von Anforderungen, getrieben durch inneren Leistungszwang. Was wäre das für ein Dasein, könnten wir es auskosten. Den Augenblick genießen, anstatt ihn zu verpassen. Aus schalen Routinen ausbrechen, weniger arbeiten, Neues wagen – im Zweifelsfall auch gegen gesellschaftlichen Widerstand. Mehr Muße, mehr Lebendigkeit, mehr Spontaneität: Warum packen wir Kairos nicht beim Schopfe, wagen den entscheidenden Schritt? Sind wir zu feige? Zu vernünftig? Zu faul?« Ich lade dich ein, ein paar Fragen für dich zu beantworten:

Bin ich frei?

_____

_____

_____

_____

_____

Entweder bist du frei oder nicht. Entweder fühlst du dich frei oder nicht. Unabhängig davon, wie deine Antwort lautet, so geht es doch darum, ob du mit deiner Freiheit oder Nicht-Freiheit zufrieden bist. Hier ist es wie mit dem Alleinsein. Es gibt keine richtige oder falsche

Antwort. Wenn du beispielsweise nicht frei bist und das nicht akzeptierst, kannst du das ändern, ob mit oder ohne Hilfe. Natürlich kann es auch sein, dass du damit klarkommst, dass du nicht frei bist. Vielleicht bist du auch sehr frei und möchtest wieder etwas mehr Struktur, was du auch ändern kannst, oder du bist ein Mensch, der seine grenzenlose Freiheit schätzt. Für den Fall, dass du dich von etwas oder jemandem befreien möchtest, kannst du dir hier weitere Notizen machen:

Davon möchte ich mich befreien (Beispiel: Personen, Verhaltensweisen oder Dinge):

_____

_____

_____

_____

_____

_____

Und wenn es so ist: Hol dir Hilfe, manche Dinge gelingen besser mit einer sehr vertrauensvollen Person oder einem Therapeuten.

Zufriedenheit und Mut

Viele Hindernisse, die sich uns in den Weg stellen, sind einfach nur in unserem Kopf. Ich finde, es ist wichtig, mutig zu sein. Sich seinen Ängsten zu stellen. Als ich noch klein war, waren meine Familie und ich oft im Urlaub in Italien und oft, wenn wir im Meer gebadet haben und geschwommen sind, hatte ich Angst, Salzwasser in meinen Mund zu bekommen. Mein Papa hat dann gesagt: »Theresa, nimm einfach Salzwasser in den Mund und gurgle es, dann wird es besser.« Ich habe es nicht getan. Aber worauf ich hinauswill: Wenn man sich den Dingen, vor denen man Angst hat, stellt, hat man im Nachhinein weniger Angst davor. Wenn man mutig ist, ohne zu risikobereit zu sein, kann man Abenteuer, Erfahrungen und Erlebnisse machen, die unser Leben lebenswert machen. Bei mir ist das so. Positive Erlebnisse kann einem niemand mehr nehmen und sie bereichern unser Leben unheimlich.

Willst du mutig sein? Was hält dich davon ab, gewisse Dinge zu tun? Wovor hast du Angst? Was ist das Schlimmste, das passieren könnte? Ich lade dich ein, dir zu notieren, wann du mutig warst und welche Dinge du unbedingt machen möchtest:

Wann war ich das letzte Mal mutig? Wie hat sich das angefühlt? War es wirklich so schlimm? Was hat sich seitdem verändert?

_____

_____

_____

_____

_____

Was will ich unbedingt machen, wovon ich aber noch abgehalten werde, es zu tun? Wie kann ich es bewerkstelligen, dass ich es durchziehe? Was könnte schlimmstenfalls passieren? Wovor habe ich Angst?

_____

_____

_____

_____

_____

_____

_____

_____

_____

_____

_____

_____

_____

_____

Manchmal, da hat man dieses Katastrophendenken, das uns erst recht abhält. Ich denke, nur im absolut schlimmsten Fall kommt es zu einer wirklichen Katastrophe.

Zufriedenheit und Reisen

Auf Reisen kann man sich selbst besser kennenlernen und einen anderen Blickwinkel auf sich und sein Leben gewinnen. Ich habe mit meinen achtundzwanzig Jahren schon viele Reisen unternommen. Es gab auch sehr viele Herausforderungen, Konflikte und schwierige Situationen. Wo gibt es die nicht? Wichtig ist es, denke ich, sich auf die positiven Abenteuer, Erfahrungen, Erinnerungen und Erlebnisse zu konzentrieren. Je mehr man auf das Positive blickt, desto schöner wird das Leben. Bei mir ist es grundsätzlich so, dass ich mein Leben liebe, mit seinen Aufs und Abs. Das ist letztlich Leben für mich, diese Polarität. Was wäre das Eine ohne das Andere?

Ich bin stolz auf alle meine Reisen, die ich unternommen habe. Reisen hilft mir, meinen Horizont zu erweitern und über meinen Tellerrand hinauszublicken. Das tue ich grundsätzlich gerne. Ich mache gerne und viele Dinge alleine. Das kann sogar richtig Spaß machen. Ich kann alleine sein. Selbstverständlich lernte ich bei meinen Reisen und Urlauben viele Menschen kennen, hatte interessante Begegnungen und machte tolle Bekanntschaften. Ich unternahm sehr aufregende und spannende Urlaube. Mit meiner Familie und meinen Freundinnen. Aber es ist auch wichtig, sich auf sich selbst zu fokussieren. Das mache ich vor allem in letzter Zeit, um herauszufinden, wie mein spannender Weg weitergeht.

Ich lade dich ein, dir zu notieren, welche Reisen du bisher unternommen und welche Eindrücke du dabei gewonnen hast:

Was waren meine bisherigen Reiseziele (Städte bzw. Länder)?

_____

_____

_____

_____

_____

Wohin soll meine nächste Reise gehen?

_____

_____

_____

_____

_____

Welche Eindrücke habe ich bei meiner Reise / meinen Reisen gewonnen?

_____

_____

_____

_____

_____

Zufriedenheit und Selbstfindung

Nun, zu guter Letzt, soll es um die Selbstfindung gehen. Der Titel meines Buches ist *Zufriedensein leicht gemacht. Wie du mit wenig Geld zufrieden werden kannst.* Ja, auch ich wollte mich selbst finden. Ich habe verschiedene Reisen unternommen. Durch Reisen habe ich sehr viel mitgenommen. Alles, was war, hat mich geprägt. Alle Begegnungen, Erfahrungen und Erlebnisse haben mich reicher und stärker gemacht. Jetzt kann ich sagen: Ich habe das Reisen zu Selbstfindungszwecken nicht mehr nötig. Ich war im August 2019 eine gute Woche in Holland am Meer und das hat mich zufriedener gemacht als meine wochenlange Thailandreise im Vorjahr. Ja, ich habe mich auch mal von mir selbst entfernt. Aber jetzt kann ich sagen: Ich bin mir so nah wie niemals zuvor. Viele Menschen reisen um die Welt und begeben sich auf Selbstfindungstrips. Sie probieren viele Dinge aus, das habe ich auch. Nach meinen Reisen habe ich eine wesentliche Erkenntnis gewonnen: Man kann sich auch kennenlernen, ohne dass man viel Geld dafür ausgibt und um die Welt reist. Das Geheimnis liegt nicht im Außen – jedenfalls nicht nur –, sondern ist im Inneren eines jeden Menschen angelegt. Es wartet nur auf seine Entdeckung. Ja, das erfordert Geduld, Mut und Veränderungsbereitschaft. Nein, das ist keinesfalls leicht. Niemand hat gesagt, dass der Weg – die Reise zum Selbst – leicht ist. Immer wieder werden einem Steine in den Weg gelegt. Immer wieder hat man gute, aber auch schlechte Tage. Immer wieder hat man Höhen und Tiefen im Leben. Immer wieder hat man Aufs und Abs. Ich sage, dass das jeder hat. Wenn man fällt, ist es wichtig, wieder aufzustehen. Wenn sich ein Widerstand auftut, ist es wichtig, diese Hürde des Widerstandes zu meistern. Manchmal ist es auch hilfreich, einfach mal eine Weile stehen zu bleiben und in der Natur spazieren zu gehen.

Für mich waren die letzten Jahre eine sehr bereichernde und interessante Reise. Jahrelang habe ich mich theoretisch und praktisch mit Zufriedenheit beschäftigt. Ich habe viele Hindernisse überwunden und mein Buch fertiggestellt. Ich kann keinesfalls behaupten, dass es ein Leichtes war. Dieses Buch war harte Arbeit – jahrelange Arbeit. Ich habe allen Grund, zu mir selbst zu sagen: »Liebes, ich schaue auf zu dir. Mensch, was hast du für ein fantastisches Durchhaltevermögen. Du bist drangeblieben und hast nicht aufgegeben.« Aufgeben: Niemals. Aufgeben ist für mich keine Option. Aufgeben war für mich keine Option, als ich während eines Hindernislaufes bei einem Hindernis gestürzt bin. Ich bin aufgestanden und weitergelaufen. Aufgeben war für mich keine Option, als ich mit meinen erst neu gekauften Schuhen einen Halbmarathon gelaufen bin und bei Kilometer zehn üble Blasen an meinen Füßen bekommen habe (das würde ich nicht nochmal tun). Ich hatte ernsthaft überlegt, den Lauf zu beenden. Aber das hätte mir nicht entsprochen, also habe ich den Lauf beendet. Ich bin sehr stolz auf mich. Was das Aufgeben betrifft: Das ist, wie ich finde, an sich kein negatives Wort. Es kann je nach Umständen durchaus sinnvoll sein, aufzugeben. Das dann aber bitte mit Stolz! Wichtig ist es, auf sich zu schauen und für sich zu sorgen. Wenn man wirklich an einem Punkt angelangt, an dem man zu leiden beginnt, sollte man dringend *aufgeben* und neue Wege einschlagen.

Und manchmal – je nach Umständen – ist eine Veränderung angesagt, um zufrieden zu werden. Veränderung ist – wie ich finde – auch mit Abschied verbunden. In meinem Leben gab es bisher viele große Veränderungen. Diese waren richtig und wichtig. Manchmal, da muss man gewisse Dinge hinter sich lassen. Veränderung heißt auch loslassen. Ich habe mich für einen neuen Weg entschieden. Abschied ist nicht leicht, aber wenn man die neuen Möglichkeiten und Optionen, die sich einem bieten, in Betracht zieht, ist es die Veränderung so was von wert.

Weiter finde ich, dass Ausgewogenheit entscheidend ist. Man darf sich selbst nicht außer Acht lassen. Ich bin eine leidenschaftliche Teetrinkerin und auf dem kleinen Zettelchen eines Teebeutels stand einmal: »Selbstwertschätzung hilft, um glücklich zu sein.« Nächstenliebe ist wichtig. Man sollte sich selbst aber auf jeden Fall mindestens auch so sehr lieben und wertschätzen wie andere. Und – mal wieder: Mit Egoismus hat ein gesundes Maß an Selbstliebe und Selbstwertschätzung nichts zu tun.

Ich bin ein neugieriger Mensch, verlasse gerne meine Komfortzone und blicke über meinen Tellerrand hinaus. Neugierde bereichert mein Leben sehr. Ich bin dankbar zudem. Und ich folge meinem Herzen – meinem inneren Kompass. Das ist das Ergebnis meiner Selbstfindungsreise.

Die *Brauerei Beck GmbH & Co. KG* stellt für den nationalen und internationalen Markt das sogenannte Beck's her. Vor ein paar Jahren wurde ein Werbespot gedreht mit dem Titel *Folge deinem inneren Kompass*:

»Da ist etwas in uns, das unserem Leben eine Richtung gibt: Ein innerer Kompass. Er hilft uns, unseren eigenen Weg zu gehen, uns nach unseren eignen Zielen zu richten und die Welt zu entdecken. Folge ihm und genieß deinen Weg. Du wirst staunen, wo er dich hinführt. Beck's. Folge deinem inneren Kompass.«

Ohne an dieser Stelle Werbung für Bier zu machen, geht es mir hier um den inneren Kompass, dem man folgen soll. Seinem inneren Kompass zu folgen, meint, instinktiv aus dem Bauch heraus zu handeln. Sich auf seine Intuition – sein Bauchgefühl – zu verlassen. Wo stehe ich gerade und wo geht mein Weg hin? Was möchte ich erreichen in meinem Leben? Ich schaue auf mich. Nichts und niemand auf der Welt kann mich von meinem Weg abbringen. Was erwarte ich selbst von mir? Ich gehe meinen Weg.

Nun – liebe Leserin, lieber Leser – lade ich dich ein, dir die Dinge zu notieren, die du an dir schätzt und bisher geschafft hast:

Das schätze ich an mir und das habe ich geschafft:

_____

_____

_____

_____

_____

_____

_____

Das schätzen andere an mir:

_____

_____

_____

_____

_____

_____

_____

Letztendlich geht es doch darum, dass jeder selbst entscheiden darf, für welchen Weg er sich entscheidet. Gründet er lieber eine Familie und baut ein Haus auf dem Land? Oder bereist er die Welt? Ist es nicht so, dass immer mehr Menschen reisen – auf der Suche sind, nach sich selbst, nach Glück oder nach Bereicherung? Letztendlich geht es doch darum, dass jeder möchte, dass es ihm gut geht. In einer Gesellschaft, in der uns die Werbung unbewusst manipuliert und vorgaukelt, was man anscheinend braucht, um glücklich zu sein, verliert man sich schnell selbst aus den Augen. Tut man die Dinge wirklich, weil man sie will, oder tut man sie, weil andere uns eingelullt haben, und merkt es nicht einmal? Wichtig ist, immer wieder einmal in sich zu gehen, sich selbst zu reflektieren und sich von außen zu betrachten. Jemand hat mir einmal geraten, mich und meine Situation vom Weltraum aus zu betrachten. So gewinnt man Distanz und vermeintlich schlimme Dinge sind dann weniger schlimm.

Zufriedenheit und Dank

Über die Jahre habe ich mir durch den Austausch mit beeindruckenden Menschen und Wissenschaftlern, durch Gespräche, durch das Lesen von tollen Büchern und durch Selbsterfahrung viele Erkenntnisse und viel Wissen angeeignet. Ich bin reicher geworden. Diese Selbstfindungsreise geht nun zu Ende, denn ich weiß jetzt, wer ich bin. Jetzt ist es an der Zeit, neue Wege zu gehen.

Liebe Leserin, lieber Leser, ich bedanke mich aufrichtig und von ganzem Herzen bei dir, dass du mein Buch *Zufriedensein leicht gemacht. Wie du mit wenig Geld zufrieden werden kannst* gekauft hast. Ich hoffe, ich konnte dich ein Stück weit inspirieren und ermutigen und auf dem Weg deiner eigenen Selbstfindung und zu mehr Zufriedenheit begleiten. Ich danke dir von Herzen. Herzlichst, deine Theresa Sophia.

Zu guter Letzt lade ich dich noch ein, dir zu notieren, wofür du dankbar bist und was deine Aha-Erlebnisse sind:

Dafür bin ich dankbar:

_____

_____

_____

_____

_____

_____

_____

_____

Wenn man ein Aha-Erlebnis hat, einem – wie es so schön heißt – ein Lichtlein aufgeht, warum dieses Erlebnis nicht gleich notieren?

Das sind meine Aha-Erlebnisse:
Was war das Tolle an diesem Erlebnis? Inwieweit bereichert es mein Leben? Was habe ich gelernt? Wie bringt es mich weiter?

_____

_____

_____

_____

_____

_____

_____

_____

_____

_____

_____

_____

_____

_____

_____

_____

Endnoten

1 Ebeling, K. und Gillner, M. (Hrsg.) (2014). Ethik-Kompass. 77 Leitbegriffe. Freiburg im Breisgau. Verlag Herder GmbH, Buchrückseite

2 Anzahl der Smartphone-Nutzer in Deutschland in den Jahren 2009 bis 2020 (in Millionen). Zugriff am 14.10.2021 unter https://de.statista.com/statistik/daten/studie/198959/umfrage/anzahl-der-smartphonenutzer-in-deutschland-seit-2010/

3 Tabea Kuether schrieb in der November- und Dezemberausgabe 2015 der Südtiroler Straßenzeitung *zebra* darüber. Der Titel ihres Artikels lautet: *Die Welt in der Hosentasche*

4 Das Gespräch habe ich am 12.02.2015 in der Abtei Münsterschwarzach geführt.

5 Harari, Y. N. (14. Aufl. 2015). Eine kurze Geschichte der Menschheit. München. Pantheon Verlag, S. 403

6 Vgl. Stein, M. (2007): Soziale Beziehungen und Lebenszufriedenheit im Alter in Abhängigkeit von der Lebenswelt. Ein Vergleich von Frauen aus Einrichtungen des betreuten Wohnens und von alleinlebenden Frauen. Aachen. Shaker Verlag, S. 47

7 Wissenschaftler erklären, wie sich Glück steigern lässt. Zugriff am 23.04.2022 unter https://blog.neuronation.com/de/wissenschaftler-erklaren-wie-sich-gluck-steigern-lasst/#:~:text=Regelm%C3%A4%C3%9Fig%20zeigen%20Studien%2C%20dass%20reiche,dass%20Menschen%20aus%20Geld%20ziehen.

8 Great Place to Work® Institute: International tätiges Forschungs- und Beratungsinstitut, das Unternehmen in über 50 Ländern weltweit bei der Entwicklung einer attraktiven Arbeitsplatz-, Vertrauens- und Unternehmenskultur unterstützt und damit die Zufriedenheit der Mitarbeitenden steigert; das deutsche Institut wurde 2002 gegründet und beschäftigt am Standort Köln derzeit rund 90 Mitarbeiter (Stand: Januar 2021); Gründung des Institutes in Amerika

9 Country roads, take me home… to my friends: How intelligence, population density, and friendship affect modern happiness. Zugriff am 28.03.2018 unter https://www.ncbi.nlm.nih.gov/pubmed/26847 844

10 Castillo, L. (2014). Teuflisches Spiel. Frankfurt am Main. S. Fischer Verlag GmbH, S. 216

11 Autor*innen: Emmerich, A. und Rigotti, T. Authentizität. Zugriff am 16.11.2021 unter https://dorsch.hogrefe.com/stichwort/authentizitaet

12 Embrace (2016): Australischer Dokumentarfilm, in dem es um die Auseinandersetzung mit dem Schönheitsideal der Frau in der westlichen Welt geht. Es geht vor allem um die Geschichte der Australierin Taryn Brumfitt, die sich mit ihrer Figur und der Unzufriedenheit, unter der sie litt, auseinandersetzte.

Literaturverzeichnis inklusive
empfehlenswerter Literatur

- Arthen, H. (Hrsg.) (2. Aufl. 2014). Werner, G. W. Wann fällt der Groschen? 52 Schlüsselfragen zum eigenen Leben. Stuttgart. Verlag Freies Geistesleben & Urachhaus GmbH
- Castillo, L. (2014). Teuflisches Spiel. Frankfurt am Main. S. Fischer Verlag GmbH
- Der gro[ß]e Herder (5., neubearbeitete Auflage von Herders Konversationslexikon 1954). Nachschlagewerk für Wissen und Leben. Bd. 3. Drehachse bis Geopolitik. Freiburg i. Breisgau. Verlag Herder & Co. GmbH
- Dudenredaktion (Hrsg.) (6., überarbeitete und erweiterte Auflage 2007). Duden. Deutsches Universalwörterbuch. Mannheim. Bibliographisches Institut & F. A. Brockhaus AG
- Ebeling, K. und Gillner, M. (Hrsg.) (2014). Ethik-Kompass. 77 Leitbegriffe. Freiburg im Breisgau. Verlag Herder GmbH
- Geißler, K. A. (2014). Alles hat seine Zeit, nur ich hab keine. Wege in eine neue Zeitkultur. München. oekom verlag
- Generali Deutschland AG (Hrsg.) (2017). Generali Altersstudie 2017. Wie ältere Menschen in Deutschland denken und leben. Berlin. Springer-Verlag GmbH
- Goleman, D. (2014). Konzentriert Euch! Eine Anleitung zum modernen Leben. München. Piper Verlag GmbH
- Haas, O. (2., neu bearbeitete und wesentlich erweiterte Auflage 2015). Corporate Happiness als Führungssystem. Glückliche Menschen leisten gerne mehr. Berlin. Erich Schmidt Verlag GmbH & Co. KG

- Harari, Y. N. (14. Aufl. 2015). Eine kurze Geschichte der Menschheit. München. Pantheon Verlag
- Lesch, H. und Kamphausen, K. (3. Aufl. 2017). Die Menschheit schafft sich ab. Die Erde im Griff des Anthropozän. München / Grünwald. Verlag KOMPLETT-MEDIA GmbH
- Markowetz, A. (2015). Digitaler Burnout. Warum unsere permanente Smartphone-Nutzung gefährlich ist. München. Knaur Verlag
- Piendl, T. S. (2021). Das Gespräch am Strand. Eine Erzählung über die Selbstliebe. Norderstedt. Books on Demand GmbH. TWENTYSIX
- Schulz, R. (2010). Kompetenz-Engagement. Ein Weg zur Integration Arbeitsloser in die Gesellschaft. Wiesbaden. VS Verlag für Sozialwissenschaften
- Stein, M. (2007). Soziale Beziehungen und Lebenszufriedenheit im Alter in Abhängigkeit von der Lebenswelt. Ein Vergleich von Frauen aus Einrichtungen des betreuten Wohnens und von alleinlebenden Frauen. Aachen. Shaker Verlag
- Joseph, S. (2017). Authentizität. Die neue Wissenschaft vom geglückten Leben. München. Kailash Verlag
- Wiking, M. (2016). Hygge. Ein Lebensgefühl, das einfach glücklich macht. Köln. Bastei Lübbe AG

Schön gehört?

Ich habe bereits ein Buch veröffentlicht: Titel meiner 2021 bzw. 2025 erschienenen Erzählung ist *Das Gespräch am Strand. Eine Erzählung über die Selbstliebe.*
ISBN: 9783819210433, 92 Seiten, 8,95 € als Buch und 6,49 € als E-Book. Erhältlich wie mein Sachbuch im stationären Buchhandel und online.

Danksagung

An dieser Stelle möchte ich mich noch ganz herzlich bei meinem Lektor Dr. Jan Leichsenring, der auch die Korrektur übernommen hat, bedanken. Mein weiterer Dank gilt meinem geschätzten Kommilitonen Jan Henrik Wellhöner, der ein ausgezeichneter und absolut empfehlenswerter Fotograf ist, sowie Marie-Laure Kolb, die mich erneut bei der Covergestaltung meines zweiten Buches unterstützt hat. Ihr seid die Besten. Ich danke euch von Herzen. Zu guter Letzt gilt mein Dank mir selbst: Ich bin so stolz auf dich, Theresa Sophia!